米中新冷戦の落とし穴

抜け出せない思考トリック

岡田 充

花伝社

米中新冷戦の落とし穴——抜け出せない思考トリック◆目次

まえがき

「米中新冷戦」――。新聞の見出しから新刊書の題名まで、この言葉が一気に増殖した気がする。トランプ政権の誕生以来、米中戦略的対立を軸に国際政治が転変したのは間違いない。しかし、トランプ大統領もポンペオ国務長官も、米中関係を「新冷戦」と呼んだことはない。一方、中国側は習近平国家主席をはじめ共産党指導部は、「新冷戦」思考を批判し続けてきた。命名したのはメディアと識者である。貿易戦争やハイテク技術、軍事をはじめ体制やイデオロギーに至るまで広がる米中対立をみて、「米ソ冷戦」になぞらえたのである。そして、いつの間にかメディアは、14億人の隣国を「邪悪な覇権国」として描くことに慣れてしまったようにみえる。

本書は「パワーシフト」(大国間の重心移動)の中で、トランプ政権が進めた米中貿易戦とデジタル技術争いを振り返るとともに、対立の磁場になった香港や台湾、朝鮮半島で、米中の対立と「協調」がどのように展開されたかを記録した内容である。同時に「新冷戦」という思考方法を俎上に載せた。

「新冷戦」とは、米中対立の内容・性格を規定する単なる用語ではない。この思考枠組みから国際政治をみると、あらゆる領域で、「米国か中国か」「民主か独裁か」という二項対立に意識が誘われてしまう。私はこれを「落とし穴」と呼ぶのだが、この「落とし穴」にはまって、「思考のトリック」にがんじがらめにされるメディアや識者がいかに多いことか。

その例を一つ挙げる。２０２０年11月末に来日した王毅・中国外相は、茂木敏光外相を中国に招待した。これを報じた「共同通信」の記事は、招待の目的について「バイデン米次期政権発足をにらみ、日米が協力を強化しないようくさびを打ち込む狙いがありそうだ」と書き、それを見出しにもとった（12月13日配信）。

すこし冷静に考えてほしい。リーダーの相互訪問は交互に行われるのが外交慣例である。来日した王毅が、茂木を招くのは儀礼上も当然のことではないのか。日中関係を、「米中新冷戦」の落とし穴から眺めると、「日米が協力を強化しないようくさびを打ち込む狙い」が極大化してみえるようだ。これが「思考のトリック」である。米中対立の下、日本外交は日米同盟を基軸にするために、日中関係の改善などあり得ない話になってしまう。典型的な「ゼロサム」思考でもある（第六章に詳述）。

もうひとつ強調したいのは、隣国を「邪悪な覇権国」とみなすわれわれとは、いったい何者かという視点である。われわれは果たして、「民主」と「正義」の側にいる誇るべき存在なのだろうか――。主題から少しずれるが「はじめに」の（三）で論じた。

各章では米中対立とともに、それが日本でどのように受け止められ、反応しているかに紙幅を割いた。中、米、日のコロナ禍対応を第一章に据えたのは、それが米中対立を一層とげとげしくし、安倍退陣とトランプ敗北に大きな役割を果たしたからである。

第七章では、衰退する日本とは反比例的に高まっていた現状肯定意識が、新冷戦思考の「落とし穴」にはまることで、中国への反感と排外意識を高揚させる作用を果たしたのではという仮説を提示した。

本書を書き進めるうちに、米大統領選で民主党のバイデン候補が当選し、トランプ大統領は敗退してしまった。

米新政権の登場で注目されるのは米中戦略的対立の行方である。バイデンは選挙中から「新冷戦思考」を否定し、中国への制裁関税を「自滅的で一方的」と非難してきた。それをみれば、中国をあらゆる領域で敵視する「新冷戦」思考をリセットするのは確実だ。

大統領選では投開票をめぐり混乱が続いた。TVの「選挙マップ」は最初、共和党のシンボルカラーの「赤」で埋まったが、郵便投票分が開票されると、バイデンが追い上げマップは民主党のシンボルカラーの「青」に塗り替えられた。「赤」のマップは「蜃気楼のように消えた」のである。これを米メディアは「赤い蜃気楼（レッド・ミラージュ）」と呼んだ。

繰り返すが「米中新冷戦」とは実態ではなく思考方法である。バイデン政権の登場によって「新冷戦思考」もまた、蜃気楼のように視界から消え去るよう期待している。

生物学者の福岡伸一氏は、生物は常に分解と合成を繰り返し「以前とは異なるもの」になりながら生命を維持するという「動的平衡」を説いている。世界は常に不安定な状態に置かれ、対立と協調を繰り返しつつ、弁証法的発展をしながら新たなバランスを求める。「動的平衡」は国際政治にも当てはまる。そう考えれば、世界の将来に必ずしも悲観する必要はない。今は新たな「分解」と「合成」を正確にウォッチすること。動き続ける状況に的確な「言葉」を与える。それこそがメディアと識者の仕事ではないか。

はじめに　「米中新冷戦」はなぜ虚妄なのか

新型コロナ・パンデミックが世界を覆った2020年、時計の針がまるで「3倍速」になったかのように世界は加速度的に転変している。日本を含め世界各国を巻き込む転変を促しているのが、米国と中国による戦略的対立の激化である。コロナ禍に伴う世界潮流を整理しながら、「米中新冷戦」の虚妄を明らかにする。

（一）　米国の退場と国家の復権

コロナ禍に歯止めがかからない中、鮮明に見えてきた潮流がある。第一に自国の利益のみを優先する米国のグローバル・リーダーからの退場。そして第二はグローバル化によって弱体化させられた国家の復権である。以前からあった流れだが、コロナ禍はそれを加速させた。

まず米国の衰退から説明しよう。米主導のグローバル・ガバナンスを支えてきたのは、①多くの国々の繁栄と安全を保障すること、②国際機関や協定を通じ多国間で決定し実行すること、

③共通の価値観——の三つだった。
しかし、トランプ政権の同盟・自由貿易軽視によって①への信頼は地に落ちた。地球温暖化防止のパリ協定、ユネスコと世界保健機関（WHO）からの離脱宣言で②も失われ、コロナをめぐるトランプのデマとウソに満ちた言説や、黒人差別抗議デモを「法と秩序」の名の下に非難する姿勢は、米国が守護神のようにみられてきた「人権」「自由」という価値観への懐疑を生んだ。

「米国はもう真の友は持たない」

イアン・ブレマー
（撮影：Dirk Eusterbrock (CC BY-SA 3.0) ）

米政治コンサルタント会社、「ユーラシアグループ」のイアン・ブレマー社長は、コロナ後の世界について「米中関係をさらに悪化させ、『Gゼロの世界（主導国なき時代）』をより混沌とさせる」（「日経」電子版、20年3月27日）とみる。
そして米中の「デカップリング（切り離し）」が深まり、米国は「中国だけでなく欧州などその他の地域からも孤立」し、「世界における米国の力は弱まる」と予測した。この見方はブレマーに限らない。欧米の国際政治学者や歴史学者に共通する。

イスラエルの歴史学者、ユヴァル・ハラリ氏は米誌『TIME』（3月15日付）に寄せた「人類はコロナウイルスといかに闘うべきか」で次のように書く。[1]

「アメリカはグローバルなリーダーの役を退いてしまった。（中略）アメリカはもう真の友は持たず、利害関係しか念頭にないことを全世界に非常に明確に示した。そして、新型コロナウイルス危機が勃発したときには傍観を決め込み、これまでのところ指導的役割を引き受けることを控えている」

グローバル協力は復活へ

ハラリ氏は、コロナ後の国際政治について、「感染拡大による打撃は長く国際関係に影響していくことになる。しかしすべての危機はチャンスでもある。新型コロナの流行が、グローバルな分裂が重大な危険をもたらすと人類が理解する機会になることを願う」と、グローバルな協力復活の必要性を説いている。

コロナ禍が収まれば、世界はいったん閉じた国境を再開し、「サプライチェーン」を再構築するためのグローバル協力も一定程度、蘇るだろう。それが経済合理性だからだ。

コロナ禍がなくても、米国は中国に高関税を課す貿易戦争を仕掛け、中国の台頭を抑え込もうとした。それに加え、コロナによる健康被害が大きければ大きいほど、そしてそれに伴う経済的コストが大きいほど、トランプ政権が内向きを強める可能性は高まる。

「グローバル・リーダーからの退場」とはそういう意味である。

国家の復権――グローバリズムの反作用

では「国家の復権」とはどういう意味か。少し歴史を振り返る。

１９８９年の冷戦終結は、「資本主義陣営」と「共産主義陣営」に分かれて対立していた地球を、経済的には一つにした。ヒト、モノ、カネ、情報が国境を越え移動する地球規模の経済システムがスタートしたのである。

多国籍企業は、本来は国家主権に属する金融・通貨政策をはじめ、雇用・賃金など一国の経済・社会政策の実権を国家から奪った。「グローバリズム」が体制を超え世界を覆うのである。

「グローバル化」と「グローバリズム」は意味は重なる部分はあるが、ここでは区別して使いたい。グローバル化は単にヒト、モノ、カネ、情報が国境を越えて移動する動きを指す。一方、「イズム」（主義）の付くグローバリズムは、規制緩和や小さな政府を求めることによって多国籍企業の利益を極大化しようとする新自由主義イデオロギーだからである。

グローバル化は多国間の協力と統合を促した。自由貿易と経済連携が進み、欧州連合（ＥＵ）や東南アジア諸国連合（ＡＳＥＡＮ）は求心力を高めた。しかし20年3月11日の世界保健機関（WHO）によるコロナ・パンデミック宣言は、各国に国境を閉鎖させただけでなく、グローバルなサプライチェーン（部品調達・供給網）を破断し、生産停止と通商の停滞を地球規模でもたらした。

不況がもたらす国家復権

1929年の「大恐慌」で世界は10年に及ぶ深刻な不況を体験した。「震源地」だった米国をはじめ各国が採用したのが、ケインズの「有効需要論」に基づく「社会主義的」政策である。「市場至上主義」に代わって、国家が景気回復のため減税し、失業者を雇用する国家主導型の経済政策である。

世界のコロナ感染者のほぼ4分の1の約1800万人、死者数が30万人超（20年12月下旬）の米国では、4月の失業率が14・7％と過去最悪を記録（米雇用統計）。ダウ工業株も3月12日、過去最大の下げ幅を記録し、大恐慌並みの深刻な不況が進行した。

コロナ感染を過小評価し、無策のまま放置したトランプ政権だが、経済指標の急下降で1人1000ドルを4月に現金支給するなど、計2兆2000億ドル（当時、約238兆円）の経済対策を行った。安倍晋三政権（当時、以下同）も6月、補正予算としては過去最大の約32兆円の第二次補正予算を成立させ、安倍は「空前絶後の規模で世界最大」と自画自賛した。

こうした国家主導型政策が意味するのは、グローバリズムで退場させられた国家の「復権」

である。多国籍企業には世界経済をリードする力はあるが、疫病と失業、貧困に苦しむ人々に、救いの手を差し伸べる意思と能力は希薄である。企業倒産と失業者に支援できるのは国家だけ。いま目の前で繰り広げられているのは、こうした主役交代の風景である。コロナ禍は「グローバリズム」が生み出した格差の拡大に疲れきった世界に、国家の復権を促す作用を果たしたのだった。

極右とポピュリズム台頭

国家の復権はどんな変化をもたらすのか。第一は、国際協力より国益優先への転換である。トランプの自国第一主義もそれだ。第二に、国民からも強権国家を望む声が高まる。世界を覆うポピュリズムや極右勢力の伸長はその反映である。

具体例をみる。中国政府が「武漢封鎖」という荒療治に出たとき、「独裁国家だから可能」という見立てが溢れた。では米国、英国、イタリアなど多くの西側先進国が、私権を制限し罰則を科すロックダウン（都市封鎖）に出たことをどう説明すればいいのか。それが、緊急かつ一時的な政策だとしても――。

ポピュリズム政権は、米国をはじめロシア、ハンガリー、ポーランド、チェコ、ブラジル、トルコなど数えればきりはない。「ヒンズー第一主義」のインドのモディ政権もそうだ。同政権はコロナ感染の勢いがとまらない中、中国との国境紛争で死傷者が出ると、反中ナショナリズムを煽り、中国の商品・技術の排除に乗り出した。国家主導の潮流は、民主、権威主義（独裁）など政治制度を超えて地球を覆っていると言えるだろう。

（二）　新冷戦の定義

では、米国の退場と国家の復権後に訪れる世界秩序とはどのようなものになるだろう。トランプ政権は自らグローバル・リーダーの地位を下りたにもかかわらず、米国を急速に追い上げる中国を新たな標的に「頭たたき」を開始した。病的とすら言える「チャイナ狩り」は、「敵」なくして生きられない伝統的な米国の国家・社会のメンタリティを浮き彫りにする。

トランプ政権は、２０１７年12月の「国家安全保障戦略報告書」で、中国を「戦略的競争相手」と規定、貿易不均衡のみならずデジタル技術や軍事、文化などあらゆる領域で、中国を敵と見なす戦略を提起した。米国が中国に仕掛けた「新冷戦」の出発点になる文書だった。

反中新同盟の構築目指す

これをさらに肉付けしたのが、ポンペオ国務長官が２０２０年7月23日、カリフォルニアで行った対中国政策演説[2]である。彼は、習近平・中国国家主席を「破綻した全体主義のイデオロギーの真の信奉者」とみなし「共産主義に基づく覇権への野望」があると規定した。

ポンペオ国務長官
（米国国務省ホームページより）

そして歴代米政権が米中関係正常化以来とってきた「中国関与政策」を全面否定し、「われわれが中国共産党を変えなければ、彼らがわれわれを変える」と危機意識を煽り、民主主義国家による新たな同盟構築を呼び掛けたのである。

興味深いのは、ポンペオが演説の最後で「中国共産党から我々の自由を守ることは現代の使命であり、米国は建国の理念により、それを導く十分な立場にある」と、中国共産党打倒があたかも彼らに課せられた「宗教的使命」であるかのように表現していること。演説は「神のご加護がありますように」で締めくくられる。

米ソ冷戦とは

演説は確かに「米中新冷戦」と呼んでもおかしくないほど、中国への敵意と憎しみに溢れている。では、米中対立を「新冷戦」と規定するのは正しいのだろうか。それを検証するには、かつての米ソ冷戦の特徴・構造を確認し、それを現在と比較する必要がある。

米ソ冷戦の特徴の第一は、それが経済力のみならず体制の優位を競い合うイデオロギー対立だった。

第二に、米ソ対立構図が、日本を含め各国の内政に投影され、世界を資本主義陣営と社会主義陣営の2ブロックに分ける政治対立・抗争が繰り広げられたこと。

第三は、米ソが直接軍事衝突を避けつつ、衛星国に「代理戦争」を押し付けたことである。

「チャイナ・スタンダード」はない

第一の「体制の優位を競い合うイデオロギー対立」は、米中間に存在しているだろうか。中国は「中国の社会主義」の優位性を説くが、米国が築いてきた「アメリカン・スタンダード」を「チャイナ・スタンダード」に代えるよう主張しているわけではない。

中国は、今世紀半ばに「世界トップレベルの総合力と国際提携力を持つ強国」となる「夢」は描いている（習近平、第19回共産党大会演説）。だがこうした中国の発展モデルを、普遍性を持つ「チャイナ・スタンダード」として提起してはいない。

さらに「人類運命共同体」という世界観も掲げる。しかし、そこで想定される国際秩序とは、「多極化」と「内政不干渉」である。中国は「社会主義強国」実現のために、資本主義世界で発展を続けるパラドクス（逆説）の中を生きているのだ。

第二の「世界のブロック化」はどうか？　トランプ政権による「ファーウェイ」排除などの「デカップリング」政策を見ると、サプライチェーンと情報ネットワークを部分的に破断するのは可能かもしれない。しかし複雑な国際的分業の下で形成された既成のサプライチェーンを完全に解体するのは可能だろうか。さらに米同盟・友好国による新たなサプライチェーンを再構築し、それが機能するにはかなりの時間がかかるはずである。

金融システム切り離しは困難

より困難なのは、世界経済を統合している「グローバル金融システム」の切り離しである。米国はドルによる「グローバル金融システム」を支配し、中国もそのシステムの中で発展してきた。米国は、中国の香港国家安全維持法導入を受け、全面的ではないが金融制裁を課した。制裁対象の中国人や団体と取引した金融機関も制裁対象になる。最悪の場合、国際的ドル決済網といえる国際銀行間通信協会（ＳＷＩＦＴ＝スイフト）から排除されかねない。中国の金融機関がシステムから完全排除されれば、中国経済は破綻する。中国がデジタル人民元の発行を急ぐのも、「スイフト」からの排除に備えた動き。「デジタル人民元はスイフトを迂回できる」と公言する中国政府職員もいる。

米国がシステムから中国を排除しようとすれば、中国には保有する１兆７４４億ドル（中国の２０２０年８月発表）に上る米財務省証券を市場に放出する「報復」をするかもしれない。しかしそのカードを切ればドルは紙くずと化し、中国経済のみならず世界経済を破局に導く。

米ソ冷戦下で核兵器が「使えない兵器」になったように、金融システムの切り離しは、21世紀型の「使えない兵器」になっている。

　第三の「代理戦争」は、米中間では全くみられない。ただ米中間では、地政学上の「代理戦争」に替わって、デジタル覇権をめぐる「代理戦争」が展開されているとの見方もある。例えば中国・清華大学国際関係研究院の閻学通院長は「中米はインターネット空間を核心的な領域として競争を繰り広げている。デジタル戦略を巡る競争であり、２度の世界大戦や冷戦のような地政学上の争いではない」とみる（「日経」２０２０年10月１日）。

思考を誘導

「新冷戦思考」は世界に、「米国か中国か」の二者択一を迫る。だが、複雑な相互依存によって成立している国際政治の世界で、「二択」を迫ること自体が、無理な話である。

　中国は２０２０年６月30日、香港国家安全維持法を制定した。翌７月１日付の「日経」は、「強権中国と世界」[3]という連載記事を掲載した。「一党独裁か民主主義か」の典型的な二分法から、中国の強権政治を批判するのである。

「一党独裁」が中国を指すのは間違いない。では「民主主義」の主体は何だろうか。香港、日本、米国？　それとも先進工業国全体？　このタイトルには、「民主主義」という曖昧な概念の中に、「中国以外の国際社会」をすべて括り入れかねない乱暴な論理すらみてとれる。

　もう一つ例を挙げる。筆者は米国のファーウェイ排除を批判する記事を書いたことがある。

これを読んだある読者は「アメリカと中国のどちらが良いと聞かれたら、アメリカが良いと言うしかないね。残念だけど」とツイートした。これこそが「二項対立」によって誘導された典型的な意識である。

「独裁か民主か」の二択を迫られれば、代表制民主に慣れた人々は「独裁」を選択するだろうか。筆者も「独裁」を選ばない。しかし、独裁とほぼ同質の強権ガバナンスをもたらすポピュリズムを生み出したのも、「民主主義」そのものである。コロナ禍が生み出した国家の復権の潮流の中で、「民主の内実」こそがいま問われていることを自覚すべきだろう。

（三）日米中の特殊性比較

まず「民主」とは何か。Wikipediaは「デモクラシー」について「日本語では主に制度を指す場合は『民主制』、主に思想・理念・運動を指す場合は『民主主義』と訳し分けられている」[4]と定義する。しかしメディアはそうした区別を意識せず、すべて「民主主義」と表記している場合が多い。可能な限り区別したいと思うが、読む側の煩雑さを考え、「民主」と簡略に表記する。

民主の中身が問われているとするなら、「民主か独裁か」という論点から、ガバナンスの正当性を論じるのは不毛であろう。代表民主制、三権分立、法の支配など民主制度を備えていれば、「民主国家」と呼べるのだろうか。制度の有無は不可欠な要素だが、「民主国家」の性格に強い影響を与えるのは、国民国家を形成する伝統・文化・宗教に根差した特殊性ではないか、というのが筆者の仮説である。民主は統治の方法とプロセスであり、自己目的化すべきではない。

民主をあらゆる国家の到達目標に設定するなら、到達すべきモデルとモノサシを提示すべきだが、そんな便利なものはない。だが「民主か独裁か」の二分論では、多くの論者は「民主」を現実には存在しない「ユートピア」のように使い、独裁を「ディストピア」の代名詞として使うことが多い。

「共通の敵」で団結する米国

では、「伝統・文化・宗教に根差した特殊性」とは、具体的にはどのようなものか。米国と中国、そして日本について「特殊性」をざっと描いてみたい。筆者は米国を専門的に研究したわけではないから、米国の特殊性については「印象論」の域を出ないことをお断りしておく。

トランプ大統領は妊娠中絶、同性愛に反対するキリスト教保守の「福音派」に属している。国務長官のポンペオもまた「福音派」。ポンペオ演説の際に触れたが、中国共産党の打倒が彼らの「宗教的使命」であるかのように表現しているのは興味深い。

米国社会では「神か悪魔か」「善か悪か」「民主主義か共産主義か」の二元論的思考が支配的

のようにみえる。ジョージ・ブッシュ（子）大統領が２００２年、北朝鮮、イラン、イラクの３か国を「悪の枢軸」と批判したのもその一例である。

ハリウッド映画の多くは、バイオレンスとセックスにカーチェーイスに加え、最後は「神」が「悪魔」を、「善」が「悪」を懲らしめ滅ぼすクライマックスを迎える。

「アメリカ人は危険な外敵に直面していると気づいた時には団結する。そしてみよ！（外敵が）現れた。中国だ。米国と世界秩序にとって経済的、技術的、知的に中国が重大な脅威であることがますます鮮明になってきた」。こう書くのは、「ニューヨーク・タイムズ」のコラムニスト、デイビッド・ブルックス氏。中国を共通の敵にすることによって、米国民が団結できたことを、そう表現するのである。

米国は建国以来、南北戦争や公民権運動など、社会の分断と政治的対立が常に存在し、一つに統合したことはない社会である。「だから」と言うべきか、伝統的に「敵」がないと生きられないメンタリティがあるようにみえる。

古くは西部劇における「インディアン」（先住民）。旧ソ連初の人工衛星「スプートニク１号」成功で受けたショック後の反ソ・キャンペーン。１９８０年代の日本バッシング（叩き）に「９・11」後のイスラム過激派――。「敵」を挙げればきりはない。そして今は中国を「敵」とみなす空気が、社会の隅々に浸透し始めた。

平均化できない帝国、中国

では中国の特殊性とはどんなものだろう。最近、中国を歩くたびに目に見える変化を実感する。かつて街を覆っていたギスギスとした空気が薄れ、余裕と落ち着きが出てきたのである。北京や上海はもちろん、内陸部や地方都市もそうだ。憎悪に満ちた衝突が繰り返された香港とはまるで別世界である。

バスや地下鉄乗り場で、乗客が先を争って列を乱す光景は減ったし、交通マナーも格段に良くなった。入国管理官や税関職員が向こうから「ニーハオ」とあいさつし、対応は丁寧になった。「媚中派のたわごと」と思う人は、自分の目で確かめてほしい。

「豊かになり安定した中国社会」と「言論の自由がなく抑圧に苦しむ『ディストピア社会』」。いずれも中国社会の一断面であり、中国全体を表しているわけではない。多民族・多言語・多宗教に加え、先進国と途上国が同居する「帝国」――中国ほど平均化が難しく、全体像を掴むのが難しい国はない。

中国が抱える矛盾のすべてを「一党独裁」から説明しようとすると、それからこぼれ落ちた多くの問題の説明はつかなくなる。かつて孫文が中国人を、「掴もうとすると指からこぼれ落ちる砂」に例えたように、個々人の中国人は日本人に比べるとはるかに自立性が高い。

統一が歴史的使命

言語によって形成される地方共同体意識も根強い。少数民族問題と相まって「統一」を脅かす「分裂」の契機が潜在的にある。習近平が「中華民族共同体意識」を強調するのはそのためである。「統一国家の形成と維持」は、歴史に根差した歴代政権の「使命」であり、「一党独裁」の形成もそこから説明できる。

伝統的な家父長制と、中央に権力を集中させるレーニン主義が結びついた共産党の統治下では、官僚システムはトップの意向に敏感で忠実である。日本と同様上部の顔色をうかがう「忖度」が横行し、その結果、情報隠蔽も起きる。

中国の特殊性を承知した上で、中国の一党独裁に注文を付けたい。権力は必ず腐敗する。それは制度の違いを超えた権力の本質である。香港抗議デモ最中の２０１９年10月に開かれた中国共産党第19期第４回中央委総会（４中総会）は、「党と国家の監督体系は党の長期執政条件下で自己浄化、自己整備、自己改革を実現する重要な制度保障」と、権力チェックの必要を強調した。

独立した監視機能が必要

共産党内の監視機構による「自己浄化」は可能だろうか。独立した法支配体系と、メディアを含む独立した監視機能が働かないと、権力の腐敗・暴走は抑制できないのではないか。米国に並ぶ大国になろうとする中国に必要なのはこれだ。「独立した監視機能」を民主化と呼ぶ必要はない。既得権益間の利益衝突を考えれば、そう簡単に新たなガバナンスは構築できないが、これがなければガバナンスの硬直化を防ぐことはできない。

付け加えれば、中国が大国化するにつれ、時に独善的姿勢が目立つ。どの国の政府も執政党も必ず過ちを冒す。中国も大躍進政策から文化大革命、個人崇拝など、人々の生命にかかわる政策上の誤りをし「自己批判」してきた。外交であれ内政であれ、誤ればそれを謙虚に認めて正す器量を備えてこそ、大国にふさわしいと言うべきである。「無謬性」という幻想に寄りかかってはならない。

「同質一体」幻想が支配する日本

以上、米中両大国の特殊性を比較してみた。では日本のガバナンスに影響を与える特殊性はどんなものだろうか。

第一は、日本人（民族）は「同質一体」という架空の物語の共有である。物語の頂点に位置するのが「万世一系の天皇制」であり、日本の近代化以降、体制維持の安全弁になってきた。その「物語」は大戦をはさみ、今も切れ目なく引き継がれている。戦争やコロナ禍のように国民全体を覆う危機が発生した時、同質一体幻想は絶妙の効果を発揮する。上から命令しなくても、同質一体の国民が「お上」の決定を従順に守ってくれるのである。

「同質一体」の安全弁を機能させるには、「日本人」と近似しながらも「異質な存在」を差別し排除することが必要だ。特に戦時や災害時には、これは有効に作用する。近代化初期には、「遅れたシナ人、朝鮮人」を見下し差別することで、日本人の優越意識を刷り込むことに成功し、侵略・植民地化を推進するバネにした。実態のない「民度」という言葉から、他国を見下す政治家が現在も権力の頂点に座る。

「同質一体」に加え、「言葉によらないコミュニケーション」と「摩擦回避のため事実を究明しない手法」という特殊性も挙げたい。これを指摘したのは、英誌『エコノミスト』のデイビッド・マクニール東京特派員。彼は『週刊文春』（2020年4月2日号）で、森友学園の国有地売却問題に絡み、官僚の政権への「忖度」を取り上げ、この二つが政策決定に影響力を与えたとし「そうした日本社会の恩恵を最大限に受けているのが安倍首相」と喝破した。

確かに、天皇制から永田町政治、会社や組織という中間共同体、さらには家族という基層共同体に至るまで、この「日本的特殊性」が、さまざまな意思決定に影響を及ぼしているのは認めざるを得ない。組織にいたことのある人なら誰も、この特殊性によって紡ぎだされた「空気」が、同調圧力として機能し、明快な論理や言葉、説明抜きに政策や意思が決められることを経験していると思う。

（四）多極化する世界

多くの西側諸国は「代表民主制」を採用している。しかし「言葉によらないコミュニケーション」「摩擦回避のため事実を究明しない手法」が集団的な社会意識として機能する社会と、「知、情、意」を尽くして「理」を求めることが政策決定プロセスに決定的な役割を果たす社会とでは、同じ民主国家といっても雲泥の差がある。

前者の場合、「民主的手続き」とは名ばかり。これほど為政者にとって統治しやすい国民はない。国民の自立性が日本より格段に高い中国からみれば、強権姿勢をとらなくても「摩擦回避のため」決定に従順に従う日本人は、羨ましい限りであろう。「民主」という方法論とプロセスには普遍性があるとしても、その性格を決定するのは文化と伝統という特殊性によって規定された国民的意識であることを検証してきた。隣国を「独裁国だから」などと、したり顔で言うべきではない。

統治の質と効率性が新基準？

先に、国家の復権は、「民主か独裁か」という論点設定の「有効性に疑問符をつける」と書いた。英「フィナンシャル・タイムズ」のラナ・フォルーハー[6]氏は、新自由主義がコロナ危機に直面し行き詰った局面について、「米国は何十年も前に新自由主義の台頭に伴い国家的産業政策は捨て去り、資本とモノと労働力は政府から制限されずに自由に行き来できるようにすべきだとの考えできた。問題は、自由市場を最優先する考え方では、危機にはうまく対応できない点だ」と分析している。

そこで、ロシアの外交・安全保障問題評論家のドミトリー・トレーニン（カーネギー・モスクワ・センター所長）の論考[7]を紹介しよう。

トレーニンは「国家が世界政治における重要アクターとしての立場を取り戻した。国家にとって社会管理の最新ツールがデジタルテクノロジーである。民主主義と権威主義の対立は二次的なものになり、統治の質と効率性の違いがこれにとって代わる」と書く。

「民主か独裁か」というイデオロギー対立が二次的になるとの認識は筆者と共通するが、異なるのはその理由だ。筆者がガバナンスの性格を決めるのは「国・地域の伝統・文化によって形成される特殊性」としたのに対し、トレーニンは「統治の質と効率性」をより重要な要因に挙げた。ただしこの二つは決して矛盾・否定しあう関係にはない。

ファーウェイ排除にみる特殊性

トレーニンの指摘するデジタル技術は、米国、中国をはじめインド、韓国、台湾などが急速に発展している分野である。中国が次世代の移動通信技術「５Ｇ」の構築で米国を凌駕し、量子科学でも米国を超えていることはよく知られている。トランプ政権もそれを警戒し、華為技術（ファーウェイ）排除を同盟・友好国に求め、デカップリングを開始した。つまり、「すべては市場に委ねよ」の新自由主義では、中国に対抗できないのである。

安倍政権は2018年12月、ファーウェイ排除を議論なしに他国に先駆けて受け入れた。「日本的文化・伝統」の要因から分析すると、その決定は「（対米）摩擦回避のため事実を究明しない」姿勢から説明できる。日米同盟の維持・強化はあらゆる外交政策の前提であり、「議論の対象にはならない」のである。ソフトバンクを含め通信機器メーカーも素直に従った。

ファーウェイ

一方、ドイツや英国などの同盟国がファーウェイ排除に直ちに従わなかったのは、トランプ政権が排除の理由とする安全保障上の危険性を詳細に検討するのに時間をかけたほか、「5G」構築にあたっての技術力と経済性について、政府内で十分な議論と検討を経たからだった。統治の「効率性」「経済性」を重視し、「同盟関係」というイデオロギーは二次的な要因になったと言っていい。

大統領再選が動機？

米中関係はその後も悪化の一途をたどり、2020年7月末には、米中双方がそれぞれの総領事館を閉鎖するまでに発展した。筆者はそれでもこれを「新冷戦」とは呼ばない。ドルによる「グローバル金融システム」が維持されており、それは依然として米中共通利益になっているからである。トランプもそれをよく知っており、それに手を付けようとはしない。

もう一点指摘したいのは、トランプの「新冷戦」イニシアチブの動機は、大統領再選にあるということだ。ボルトン前大統領補佐官（国家安全保障担当）が20年6月23日に出版したトランプ暴露本もそれを裏付ける。

それによると、トランプは習近平と19年6月大阪で会った際「中国史で最も偉大な指導者」と持ち上げ、新疆のウイグル族収容施設の建設を奨励、香港のデモを擁護しないとまで述べたとされる。表面的な対中強硬策と、テーブルの下の「ディール」（取引）。どちらが本音か。

米国では、議会を中心に反中国感情が支配的なのは事実だが、バイデン政権は、少なくともこうした歪んだ対中政策は見直さざるを得ないだろう。

「中国を敵視」する自分を見つめよ

先に引用したイアン・ブレマーは、コロナ後の世界について「主導国なき（無極）時代」になると説く。「無極」とは角度を変えてみれば、米国、中国、EU、ロシア、ASEAN、インドなどそれぞれが地政学上の中心をなす「多極化時代」ともいえる。

英「フィナンシャル・タイムズ」のコメンテーター、ジャナン・ガネシュ[8]は「我々は無極化した（覇権国が存在しない）世界にいるということだ。この状況はしばらく続く可能性がある。（中略）今回の危機の結果として、米中対立が〝第二の冷戦〟につながるという陰謀論的な生煮えの議論が消え去るのを期待したい」と説く。彼もまた、米国も中国も世界秩序の主導権が取れない時代が続くとみる。

「中国敵視」一色に染まっているようにみえる米国だが、すべて「右へ倣え」ではない。「権力監視」と「自己再生」を政権に促す役割を維持しているメディアと識者は健在である。前出の「ニューヨーク・タイムズ」のコラムニスト、ブルックスは、含蓄のある提言でコラムを括っている。「もし中国がわれわれに対して『他者』だとするなら、その『われわれ』とは何者なのか？　中国がリベラルな国際秩序に対する脅威であるなら、われわれが自分たちのシステムを改善して、挑戦に立ち向かう能力はあるだろうか」

異質と思われる他者と向き合うときは、「自分たちの秩序の正当性」を問い返すべきだと言っているのだ。至極まっとうな主張である。反中世論が燃えさかる日本にも跳ね返る。米中対立が激しさを増し、日本メディアも多くの論者も「米国か中国か」の二択論にはまりがちだ。しかし自分のポジションを相対的に見つめるメディアと識者がきちんと発言する米社会の健全さは、見習わねばならない。

新冷戦論の「落とし穴」に気付かず、反中国世論を煽って日米同盟の強化だけに出口を求めても、日本の衰退は止めようがない。日本が選ぶ道は、第一に「共通の敵」を前提に作られた古い同盟意識から抜け出すこと。第二は「米国か中国か」の二者択一の罠にはまらないこと。そして第三として、中国を敵視せず「ミドルパワー」として多極化の中で何が利益なのかを自立的に判断し選択することである。メルケル首相のドイツが選択するヘッジ（損失回避）戦略でもある。

注

1　「Ｗｅｂ河出」２０２０年3月24日「『サピエンス全史』のユヴァル・ノア・ハラリ氏、〝新型コロナウィルス〟についてＴＩＭＥ誌に緊急寄稿！」（柴田裕之訳）http://web.kawade.co.jp/bungei/3455/

2　アメリカ国務省　２０２０年7月23日　ポンペオ国務長官のスピーチ「共産中国と自由世界の将来（Communist China and the Free World's Future）」
https://www.state.gov/communist-china-and-the-free-worlds-future/

3　「日本経済新聞」２０２０年7月1日「強権中国と世界（上）　民主主義への挑戦状」
https://www.nikkei.com/article/DGKKZO60991480Q0A630C2MM8000/

4　https://ja.wikipedia.org/wiki/ 民主主義　（２０２０年11月19日最終閲覧）

5　「ニューヨーク・タイムズ」２０１９年２月14日「いかに中国が米国を一つにしたか（How China Brings Us Together）」
https://www.nytimes.com/2019/02/14/opinion/china-economy.html

6　「日経」２０２０年9月11日「米中技術分断、中国の逆襲」

https://www.nikkei.com/article/DGXMZO63681570Q0A910C2TCR000/

7　笹川平和財団　２０２０年5月1日　畔蒜泰助「ロシアが見据えるコロナ危機後の世界秩序」

https://www.spf.org/iina/articles/abiru_02.html

8　「フィナンシャル・タイムズ」（「日経」による翻訳版）２０２０年４月10日「コロナ危機で露呈、無極化した世界」

https://www.nikkei.com/article/DGXMZO57873850Z00C20A4TCR000/

第一章　コロナ・パンデミックに揺れる世界

　2019年暮れ、中国内陸部の武漢でみつかった新型コロナ・ウイルス（COVID-19）は2020年に入って中国全土をはじめ全世界へと広がり、世界的流行を意味する「パンデミック」となった。中国の習近平政権も初期対応の誤りを認める一方、徹底した都市封鎖が奏功した。第1四半期（1〜3月）にマイナス6・8％と統計開始以来最大の落ち込みを記録した中国経済は、第2四半期で3・2％増とV字回復を達成した。

　一方、トランプ米政権は「暖かくなればウイルスは嘘のように消える」と甘く見続け、感染拡大に歯止めがかからず、「中国ウイルス」と感染拡大の責任を中国に転嫁し、折からの米中対立を先鋭化させた。トランプは10月には自らも感染して入院し、大統領選挙直前に起こりがちな突発事件を意味する「オクトーバー・サプライズ」を演じた。日本でも7年8か月という歴代最長を誇った安倍晋三政権はやはり初期の対応につまずき、支持率の激減が持病の悪化につながり8月には退陣した。ここでは初期段階における中国、米国、日本の対応を振り返り、それが国際関係と国内政治にどう跳ね返っていったかを振り返る。

内陸拠点のメガシティ封鎖

中国国家衛生当局は20年1月26日の記者会見で、武漢の海鮮市場から大量の新型コロナウィルスが検出されたとし、市場で売られていた野生動物が感染源とみられると発表した。感染拡大の規模は、2002～03年に猛威を振るった重症急性呼吸器症候群（SARS）の10倍になるとみる感染症専門家もいた。

マスクを買うために列に並ぶ武漢の人々
（2020年1月22日、Chinanews.com (CC BY 3.0)）

習近平国家主席はその前日の1月25日（旧正月の元日）、異例の党最高指導部会議を開き、撲滅に向けた徹底対応の号令をかけた。人口1000万人のメガシティの武漢を「封鎖」し、続いて海外への団体旅行を全面禁止、政権の威信をかけて拡大阻止に全力を挙げる姿勢をみせた。武漢封鎖に続いて、北京、上海、天津など大都市の長距離バスの運行も停止し、経済動脈である沿海主要都市での移動はほぼシャットダウンされた。新中国誕生以来初めての経験である。

辛亥革命（1911年10月「武昌蜂起」）発祥の地、武漢は日産、ホンダをはじめ世界的な自動車工場とハイテク産業が集まる、中国内陸の物流中継拠点でもある。ロックダウンで物流停滞の長期化が予想され、成長の減速が鮮明になった中国経済への打撃は避けられない。

さらに中国人の訪日旅行客の減少によって、日本経済にも影響が及び始めた。東京五輪で多くの中国人観光客を見込んでいた日本にとっても大きな懸念材料となった。

SARSの隠蔽教訓は生かされたのか

習政権が、武漢封鎖という強権的対応に出たのは、SARS対応に失敗し、国際的非難を浴びたことがトラウマになっているからだ。SARSは2002年11月、胡錦涛体制のスタート直後に患者がみつかった。だが当局は情報をひた隠し、WHO（世界保健機関）への報告もせず感染拡大につなげてしまった。

今回はどうだったか。少し振り返ろう。

武漢で原因不明の肺炎がみつかったのは2019年11月末。追跡調査の結果、患者は武漢の海鮮市場で売られていた商品を購入し食べたことが分かった。武漢市は12月30日、「原因不明の肺炎患者がみつかった」と初めて発表した。

そのころ中国国内のSNSでは、患者続出を訴える書き込みが相次いでいた。だが武漢市は2020年1月に入っても、「ヒトからヒトへの感染は確認されていない」と事態を軽視。市警察当局は逆に1月1日、「ネットに事実でない情報を公表した」として、8人の市民を処罰した。

この中にはSNSに感染拡大を警告する書き込みをして警察に処分され、後に自らコロナ感染して死亡した歯科医の李文亮氏も含まれる。1月9日になると中国メディアは、肺炎患者からコロナウイルスが確認されたと報道。武漢市は11日、男性1人がウイルス性肺炎で死亡したと発表し、騒ぎは一気に拡大した。

今回中国当局はコロナウイルスの遺伝子の配列情報を公開（1月12日）、台湾と香港専門家の武漢訪問も受け入れるなど、情報公開はSARSの時に比べれば一歩前進したと言える。中国人が豊かになり、日本だけでも年間1000万人に近い中国旅行客が来日する時代になった。SARSの時とは比べものにならないヒトの大移動。当時より素早い対応をとらなければ、感染拡大は防げない。

情報隠蔽体質の背景

情報隠蔽体質は何に起因するのだろう。「はじめに」でも触れたように、伝統的な家父長制と、中央に権力を集中させるレーニン主義が結びついた共産党統治下では、官僚システムはトップの意向に敏感に反応する。

今回、情報公開が遅れた理由として、習政権が権力集中を進めた結果、ミスを恐れる官僚の「サボタージュ」が一因という分析があった。一理あると思うが、共産党が以前から維持してきた伝統的体質が背景だと思う。トップの意向に敏感なのは官僚だけではない。メディアも20日の習発言以降、武漢の当局批判を大胆に開始した。

共産党機関紙系「環球時報」の胡錫進編集長は、1月21日にSNS「微信」(ウイチャット)で「(SARSの際、ズバリと発言し英雄視された医師)鍾南山教授が武漢の肺炎が伝染している事実を公開しなかったなら、武漢当局は公式に認める意思がなかったのではないか」と書き込んだ。

一党支配に必要なのは、共産党から独立した司法やメディアなどの権力監視機能である。今回のコロナ禍の経緯をみるにつけ改めてそう思う。初動対応をみると、情報隠蔽体質は相変わらずだ。

中国政府の専門家が「ヒトからヒト」への感染を確認したのは1月20日。この日習氏は、「国民の生命と健康が第一。断固としてウイルスのまん延を抑え込む」と異例の声明を出した。

1月19日まで公表された発症者数は武漢で60人強だったが、21日からは300人超と一気に急増した。習声明によって、「お墨付き」を得た地方政府が、それまで隠してきた感染者情報を、安心して出すようになったのだろう。日本の官僚の政治リーダーへの「忖度」とよく似ている。

建国以来最も困難な事件

習近平は2月23日の北京の会議で、コロナ感染拡大に「建国以来最も困難な公衆衛生上の事件。状況は依然厳しく正念場にある」と、強い危機感を表明した。

中国政府は、通常は毎年3月初めから2週間開いてきた全国人民代表大会（全人代）を延期する異例の事態に追い込まれた。3月には、4月に予定されていた習の日本国賓訪問も延期し、国内政治と外交スケジュールに大きな狂いが生じた。2021年に「全面的小康社会」（ややゆとりのある社会）を実現する目標を掲げた「中国の夢」にも黄信号が灯るかもしれない。それは何としても避けなければならない。

中国で最も深刻な「危機」と言えば、1960年代初めに起きた凶作による飢饉を指す。人民公社化運動の行き過ぎも手伝い、栄養失調や伝染病で約2000万人という信じがたい数の人命が失われた。

今回の感染被害は、2月25日時点で死者が2600人を超えるなど、2003年に猛威を振るった重症急性呼吸器症候群（ＳＡＲＳ）の死者数（774人）の3倍を超えた。全人代の延期は3月開催が定期化した1985年以来初めてだった。

経済落ち込みと社会不安

同時に深刻なのが、生産停止による経済落ち込みと、それによってもたらされる賃金の遅配や解雇である。それは社会の不安定化につながり、地方政府に向けられている批判の矛先が、中央政府に向きかねない。国際通貨基金（ＩＭＦ）は2月22日、中国の２０２０年の実質成長率見通しを５・６％と、1月時点から０・４ポイント下方修正した。世界経済全体の成長率も０・1ポイント程度下がると予測した。その後、感染拡大を封じ込め、第２四半期の成長率は３・２％とプラスに転じ、経済はＶ字回復した。

新型ウイルス発生をいち早く警告した武漢の医師、李文亮氏が2月7日肺炎で死去したのを機に、北京大学の張千帆教授ら識者が「言論の自由の圧殺が招いた『人災』」と指弾する公開書簡を発表、ＳＮＳでは中央批判の書き込みが拡散した。

習指導部も李医師を「英雄」扱いし、初期対応の過ちを認め、武漢と湖北省トップを解任、矛先が党中央に向かないよう防戦に必死だ。感染症という一種の〝天災〟が、政治問題化し一党支配を揺さぶる――そんな構造は何に起因するのだろう。

格差拡大で中国型資本主義に近づく？

所得の分配・格差問題が専門のブランコ・ミラノビッチ・ロンドン大教授は「資本主義の衝突」（『フォーリン・アフェアーズ』２０１９年12月号）で、中国経済システムを、社会主義ではなく「政治的資本主義」というモデルから分析する。

「政治的資本主義」とは、日本が明治以降の近代化や戦後復興期に採用した「国家資本主義」に近い。一方、日米欧の資本主義を、ミラノビッチは「リベラル資本主義」と名付け、「グローバル経済の将来は、資本主義内の二つのモデルの競争によって左右される」とみる。

中国型「政治的資本主義」は、統治の正当性を維持するため常に経済成長を実現しなくてはならない。しかし、現実には高成長の維持は困難だ。

ミラノビッチは「新型肺炎」に言及しているわけではない。ただ、緊急性をもつ「一時的問題」に対して、リベラル資本主義は「余裕のある態度で臨める」。これに対し「政治的資本主義」は「不断の警戒」が必要で、民衆に多くを与えねばならない「圧力に常にさらされる」と書く。

だが「リベラル資本主義」も万能ではない。興味深いのは、ミラノビッチ氏が「固定化された超富裕層の出現と格差の拡大が、長期的存在を揺るがす脅威になる」とし、是正に失敗すれば、「リベラル資本主義」は、中国型「政治資本主義」に近づくとみる。

新自由主義経済が世界を覆い、経済格差を拡大させた反動としてナショナリズム、ポピュリズムの台頭を招き、「民主制システム」を揺さぶっている現実は、彼の見立て通りだ。日本の「安倍一強」現象も、そこから説明できるかもしれない。

感染抑止に成功

コロナ禍が社会不安の引き金になるという当初の懸念は払しょくされた。1月23日の武漢封鎖を皮切りに一連の荒療治が奏功し、習政権は4月初め約2か月にわたる武漢封鎖を解除し、正常化に道を開いた。中国にとって「成長維持と国民の富裕化」は、「中国の統一性の維持」と並んで、共産党の一党支配の正当性を支える二大核心と言っていい。知識人らは2月、隠蔽工作に対し「言論の自由の圧殺が招いた『人災』」と、党中央批判の公開書簡を公開し、習体制を揺さぶった。しかし、メーデーに始まる5月の連休では、政府統計で1億1500万人が国内旅行をするなど、感染拡大に対する国民の不安は一段落し、政府への国民の信頼は回復した。

それどころか、感染抑止にめどをつけた中国は、武漢の都市封鎖解除に続き、イタリアなど感染が深刻な欧州諸国に医師団を派遣し、医療機器を供与する「マスク外交」で存在感を誇示している。

中国が「マスク外交」の照準を、ヨーロッパに合わせているのは興味深い。「アメリカ第一」のトランプ政権が、グローバルなリーダーシップ役から退場しつつある時、国際政治の一極を占めるヨーロッパとの関係強化は、米中対立の行方にも影響を与える。

中国を絶賛していたトランプ

続いてトランプ政権のコロナ対策を検証する。トランプ大統領の新型コロナへの言動は終始、一貫性を欠いてきた。コロナ禍をめぐる対中国姿勢を振り返れば、トランプと政権幹部がいかに支離滅裂で、デマに満ちた発言を繰り返してきたかが浮き彫りになる。

特に米国で感染爆発が起き感染者、死者数ともに世界最大になると、「感染源は武漢の研究所」という陰謀論を、メディアを共犯にしてまき散らした。トランプの中国非難の内容を検証もせずに垂れ流してきた日本の大手メディアも、共犯の誹りを免れまい。

研究所流出疑惑は、ポンペオ国務長官が5月7日「不正確かも」と言出し、腰砕けに終わった。1月から5月にかけての、トランプと政権幹部の発言をまず振り返る。発言内容は主として共同通信の報道に基づく。


【1月】
▽トランプ　ツイッターで「中国はコロナウイルスを封じ込めるために懸命に取り組んでいる。米国は彼らの努力と透明性にとても感謝している。すべてうまくいくだろう。特に、米国民を代表し、習国家主席に感謝したい！」（1月24日）
【2月】
▽トランプ　一般教書演説で、中国と連携し「国民を脅威から守るため、必要なすべての措置を講じる」と訴え、習近平主席を含む中国との関係は「恐らくこれまでで最も良い」と言明（2月4日）
▽トランプ　「ウイルスは天気が暖かくなる4月に消えるだろう」（2月10日）

▽米学者スティーブン・モシャーが「ニューヨーク・ポスト」（2月22日付）に「コロナウイルスは中国のウイルス実験所から流出した公算が強い」と寄稿
▽トランプ　訪問先のインドからツイッターで「米国では制御下にある」（2月25日）
▽トランプ　サウスカロライナの選挙集会で「新型コロナウイルス感染症に対する懸念は、民主党のライバルからの『新手のデマ』」（2月28日）

【3月】

▽ポンペオ国務長官　記者会見で、「武漢ウイルス」と呼び、CNBCテレビのインタビューで「感染がどこから始まったのかについて確信を持っている」と言明（3月5日）
▽WHOのテドロス事務局長　パンデミック宣言（3月11日）
▽米国で感染者が急増。「ニューヨーク・タイムズ」は、独自集計で米国内の感染者が1015人となったと報じた。死者は31人（3月11日）
▽中国外務省の趙立堅副報道局長　ツイッターで「米軍が感染症を（被害が最も深刻な）湖北省武漢市に持ち込んだのかもしれない」と書き込み（3月12日）
▽トランプ　国家非常事態宣言（3月13日）
▽習近平　政治理論誌「求是」に「病原体がどこから来て、どこへ向かったのか明らかにしなければならない」と、発生源特定の研究を進めるよう指示（3月15日）
▽トランプ　ツイッターで、「中国ウイルス」と初めて呼ぶ（3月17日）

▽米紙「ニューヨーク・タイムズ」電子版が、米国の新型コロナウイルス感染者が8万3000人を超え、中国やイタリアを抜いて世界最多になったと報道（3月26日）
▽トランプ　習近平との電話会談で「私は中国の感染とのたたかいで積極的な進展がみられたことを喜んでいる。中国の経験は大きな啓発となった。中国が米国の感染対策のために医療物資を提供するとともに、感染対策の有効な薬品の研究開発協力を含め、両国の医療衛生分野の交流を強めていることに感謝する」（「新華社」3月27日）

【4月】

▽トランプ　ツイッターでWHOのコロナ対応を「大失敗だ。米国は多額の資金を出しているのに、なぜか非常に中国寄りだ」と批判（4月7日）
▽米FOXニュースが「武漢の研究所職員が患者第1号で、コウモリから伝染し武漢で感染拡大したと報道」（4月15日）
▽トランプ　WHOへの資金拠出停止を発表（4月17日）
▽トランプ　記者会見で「治療に消毒液を試してみたらどうか」（4月23日）
▽トランプ　ツイッターで「パンデミックがでたらめなどと言ったことはない」（4月25日）
▽米国での感染者数が100万人超、死者は5万8368人とベトナム戦争の死者数超す（4月28日）
▽米国家情報長官室　ウイルスは「人工のものでも遺伝子操作されたものでもないとの科学

的な総意に同意する」との声明発表（4月30日）
▽トランプ　記者会見で発生源を中国武漢市のウイルス研究所とする説について、信頼度の高い情報をみたことが「ある」と主張（4月30日）

【5月】

▽トランプ　記者会見で、感染拡大は中国に責任があると判断した場合、対中制裁関税を発動する可能性について「選択肢の一つ」と強調（5月1日）
▽大統領選の勝敗の鍵を握る中西部のミシガン、ウィスコンシン、東部ペンシルベニア各州の世論調査で、民主党のバイデン候補がトランプをリード（5月1日）
▽ポンペオ　ABCテレビで武漢の研究所が起源を裏付ける「多くの証拠がある」と言明。結論付けるため「情報機関が検証を続けている」（5月3日）
▽米軍制服組トップのミリー統合参謀本部議長　記者会見で、武漢の研究所から流出したとの説について「まだ分からない」と言明。議長は人為的に作られたものではないとの見方示す。起源については「結論付けるだけの証拠はない。意図的に流出されたものではないだろう」と言明（5月5日）
▽中国外務省の華春瑩報道局長　記者会見で、トランプ米大統領が対中制裁関税を発動する可能性に言及したことに反発。「貿易戦争は誰の利益にもならない。関税を武器に使い他国を脅迫するような考えは放棄すべき」と主張（5月6日）

▽ポンペオ　記者会見で武漢の研究所が起源とする多くの形跡があると強調する一方、まだ断定には至っておらず不明と発言（5月6日）
▽ポンペオ　ラジオ番組で、「（武漢の）研究所から発生したという証拠があるが、正しくないかもしれない」と後退発言（5月7日）

「すべて虚偽と妄想」

以上の年表を見れば、新型コロナをめぐる米中摩擦の多くは、トランプ政権側が仕掛けたことは明白であろう。仕掛ける理由については、トランプがコロナ感染を当初は軽視したため、世界最大の感染被害を出した責任を回避し、大統領選挙での劣勢を挽回するため中国に責任転嫁する世論を作ることにある。

筆者の解説より説得性のある人物の読みを紹介する。米中央情報局（CIA）で諜報活動に長く携わってきたグレン・カール氏の「『中国ウイルス』で責任逃れを図るトランプ、情報操作の一部始終」と題するコラムである。[1]そのさわりを紹介する。彼はホワイトハウスが、大小メディアを使って「ウイルスが武漢研究施設から流失した」との情報操作を巧みに展開したことを振り返る。

「新型コロナウイルスが中国・武漢の研究施設から流出したというのは明らかに、トランプ支持派による情報操作だ。（中略）情報操作が行われると、やがて政治指導者が広めたい『真実』が真実として受け入れられるようになり、虚偽をまき散らす人たちが国民から支持される」

「情報操作は、以下のように行われる。（中略）トランプが対応の遅れで非難を浴び始めていた今年2月、保守系タブロイド紙のニューヨーク・ポストは、『中国の研究施設からウイルスが流出した』ことを中国当局が認めていないという記事を載せた」

「4月になると（中略）、共和党上院議員が、権威ある経済紙ウォール・ストリート・ジャーナルに『米政府は、新型コロナウイルスが武漢の中国政府の研究所由来のものかを調査している』と寄稿。（中略）FOXニュースもこの話を取り上げ、米情報機関もこの件を『調査』したなどと報じた」

「ホワイトハウスとトランプ支持派は、自分たちで中国が疑わしいと言い、政府機関に調査を命じておいて、その類いの説を取り上げた報道や、調査が行われたという事実を理由に、その説に信憑性があるかのように主張している。これは情報操作の古典的なやり口だ」

「ウイルスが中国の施設から流出したというトランプや右派メディアの主張は、全て虚偽と妄想だ。（中略）トランプの嘘とデマ、そして救いようのない無能ぶりによる死者は、アメリカだけでいずれ10万人を突破するだろう」

死者数は20年末には30万人を超えてしまった。

「中国に真相究明求める」とＮＨＫ

情報操作は成功したのだろうか。中国によるウイルス流出という「陰謀論」は、米国と西側諸国ではそれなりに浸透している。米調査機関ピュー・リサーチ・センターが4月8日に発表した調査[2]によると、米国人の約３割がウイルスは実験室でできたと回答。さらに同センターが行った米国民の対中観調査（4月17日発表）[3]で、中国を否定的にとらえる回答が過去最高の66％に達したことも挙げたい。２０２０年夏の同調査によると、この数字は73％にまで上昇した（10月６日発表）。

情報操作をしているのは米メディアだけではない。日本メディアも一役買っている。例えばＮＨＫが4月23日夜９時のニュースで伝えた、特集「新型コロナの発生源は？　真相究明求める声　世界で広がる」[4]が好例である。

その内容は、武漢の研究施設から広まったとの米メディア報道を受けて、中国に武漢の研究室の公開を求める動きに、オーストラリアのモリソン首相をはじめ「真相究明を求める声が国際社会に広がっている」というものだった。これも新冷戦の「落とし穴」にはまった報道だ。

報道は、中国政府や研究所側が流出を否定していることは伝えてはいる。しかしタイトルをみれば分かるように、中国が「透明性を求める国際社会の声」を拒否しているという内容であ

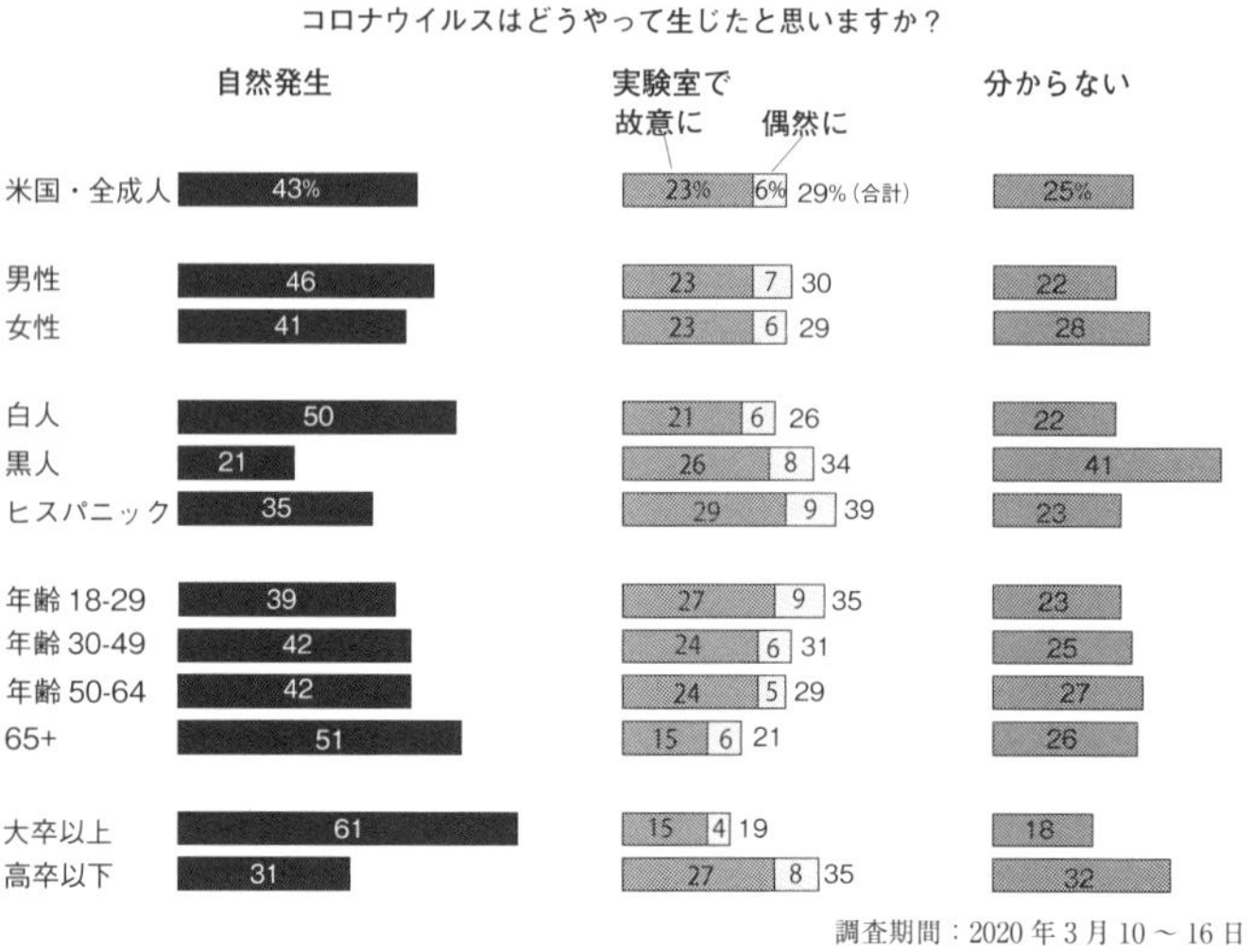

米国人の3割がウイルスは実験室でできたと回答
出典：ピュー・リサーチ・センター（2020年4月8日）

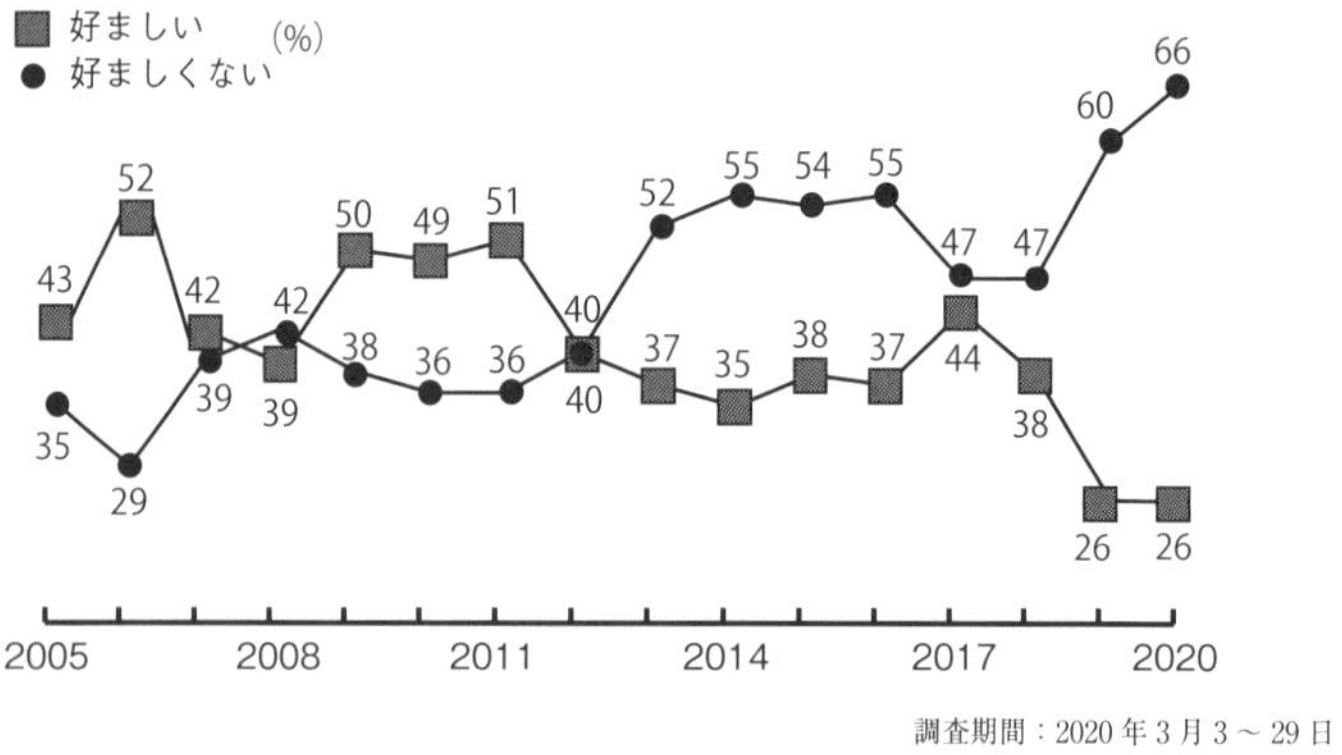

米国で中国を否定的にとらえる見方が増えている
出典：ピュー・リサーチ・センター（2020年4月21日）

り、真相究明に協力していない中国の姿勢に批判的な視線を投げているのが主旋律である。カールの文章を読めば、ＮＨＫ報道がトランプの「情報操作」の一翼を担っていることは明白である。

　発生源論争に決着はついていない。ＷＨＯは中国の協力で調査する予定だが、時間はかかるだろう。発生源については、生物学者の福岡伸一・青山学院大教授は『週刊文春』（3月5日号）の対談で、「ウイルスは武漢から突然現れ、地震の揺れが伝わるように世界に拡大したようにみえるが、それは誤解」「武漢以外にもウイルスはいて、世界中を彷徨っていたのでは」との見方を示している。

判断停止、両成敗の社説

　最後に、陰謀説に加担し落とし穴にはまったもう一つの例を挙げる。矛盾に満ちたトランプの対中攻撃の是非を問わず、「米中覇権争い」の枠組みから論じる「朝日新聞」の社説「コロナと米中　覇権争いの時ではない」だ[5]（4月17日）。「この状況下で大国同士が醜い言い争いを続ける事態はあまりに不毛だ」と、典型的な「喧嘩両成敗」の姿勢を強調する。

　この社説は、ことの是非についての判断を停止し、観客席からスポーツ競技を眺めるような無責任な姿勢と言っていい。トランプ政権の中国攻撃の核心が、大統領選挙での再選を目指すための責任転嫁にあることをまず明確にすべきだ。

社説はＷＨＯについても「中立性を疑わせる発言があった」と、トランプが批判する「中国寄りの姿勢」を問題視する一方、米政府の拠出金停止については「『米国第一』を掲げて多くの人命を危険にさらす措置は、撤回すべきである」と主張する。ここでも「ウケ狙い」の両成敗の日和見的立場が透けて見える。

しかし返す刀で、中国が台湾のＷＨＯ加盟に反対していることを取り上げ「台湾の人びとの人道問題を、政治の具にしてはならない」と批判した。台湾のＷＨＯ加盟要求自体が、蔡英文政権の「非中国化」という独立志向の政治性を持っているのは自明だ。

「弱い側に立つ」のが、あたかも民主的姿勢といわんばかり。蔡英文が今も新型コロナウイルスを「武漢肺炎」と呼び、台湾ナショナリズムを煽っていることは全く問題にしない。台湾のコロナ対応については別稿[6]をお読みいただきたい。

五輪を全てに優先した安倍

爆発的に感染拡大した米、英、仏が緊急経済・雇用対策を打ち出す中、安倍政権はコロナ・緊急経済対策で完全に出遅れた。東京五輪の実現をすべてに優先させたためである。東京五輪は「１年延期」させたが、パンデミックは収まらず20年秋からは欧州で第２波が始まり、日本でも11月には第３波に入り、五輪の開催に暗雲が立ち込めた。歴史的転換期に、メディア・世論を共犯に「五輪狂騒曲」のタクトを振った安倍晋三首相の失政は、長く語り継がれるだろう。

五輪を全てに優先させた安倍政治を振り返る。

「半世紀ぶりにあの感動が、再びわが国にやってきます。本年の五輪・パラリンピックもまた、日本全体が力を合わせて、世界中に感動を与える最高の大会とする。そして、そこから、国民一丸となって、新しい時代へと、皆さん、共に、踏み出していこうではありませんか」

安倍が2020年1月20日行った施政方針演説の冒頭部分である。

演説は「外交・安全保障」部分でも「五輪・パラリンピックが開催される本年、わが国は、積極的平和主義の旗の下、戦後外交を総決算し、新しい時代の日本外交を確立する。その正念場となる1年であります」と、外交の最優先に五輪を明確に据えた。

突然の一斉休校

ウィルス感染は2月に入るとあっという間に世界に拡大した。国際オリンピック委員会（IOC）の有力委員が、開催の是非のデッドラインに言及（2月25日）すると、安倍は大慌てで火消しに走った。その具体例を挙げる。

安倍は「（イベントなどについて）全国一律の自粛要請を行うものではない」とした2月25日の政府対策会議の決定を、翌26日になって自ら覆し「イベントの一斉自粛」を求めた。さらに27日にはあの「小中高の一斉休校」を突如発表する。一転して厳格な方針に転換したのは、「五輪を予定通り実施する」ためであった。

3月に入るとイタリア、スペインそして米国で感染が爆発した。WHOは11日パンデミック宣言を出し、米ダウ工業株は12日過去最大の下げ幅を記録する。大恐慌の足音が聞こえ始めた。さすがのトランプですら東京五輪について「観客なしの開催は想像できない。1年間延期すべき」（3月12日）と言いきった。これを受け、安倍も「中止」に追い込まれないよう「次善の策」として延期へと舵を切ったのである。

安倍が3月16日の主要7か国（G7）の首脳テレビ会議終了後、記者団に「東京オリンピック・パラリンピックを完全な形で実現するということについて、G7の支持を得た」と語ったのは「完全な形」で実現できなければ、「延期に応じる」という婉曲的なサインだった。

1年延期を決定

そして3月24日、バッハIOC会長との電話会談で「1年程度延期することで合意」したのである。会談後に記者のぶら下がり会見で安倍は「中止はないということについて、バッハ会長と確認いたしました」と、ほっとした表情をみせた。分かりやすい人だ。

この電話会談には疑問がある。延期を提案したのがなぜ安倍なのか。電話会談には、五輪主催者の小池百合子・東京都知事と、森喜朗・大会組織委員会会長も出席していたが、2人は添え物に過ぎない。主役は直接当事者とは言えない安倍だった。

その理由について、スポーツ社会学が専門の坂上康博・一橋大教授は、五輪が開催都市の利益になるという神話が崩れ、ＩＯＣが開催を後押ししてもらうため各国の政治リーダーに「こびを売るようになった」と指摘する。そして「安倍首相が決断したという形をとり、花を持たせるかのようでした」（「朝日」３月28日朝刊）と読み込んだ。森は電話会談の直前の安倍との会談で、「２年延期」を主張したという。（「朝日」４月１日朝刊）

もう一つの疑問は、安倍が「人類が新型コロナウイルスに打ち勝った証しとして、完全な形で東京五輪・パラリンピックを開催する」と記者会見で発した言葉。スピーチライターの原稿だと思うが、安倍はいつも内容の薄さを、歯が浮くような「大言」と「美辞」で虚飾する。

ライターの武田砂鉄氏は安倍発言について「主語は何と『人類』。話が大きすぎるのに具体策はない。ウイルス対策も東京五輪も、『気持ち』で実現させようとしている」（「朝日」同上）と看破する。

武田の言う「気持ち」は「空気」に置き替えてもいい。ＩＯＣ理事の山口香氏が延期を主張（３月20日）すると、山下泰裕会長が「みんなで力を尽くしていこうというときに、そういう発言をするのは極めて残念」と批判した。これについて武田は「予定通り開催すべき理由を説明するのではなく、持ち出されたのは『みんなの気持ち』でした」と評する。武田は「延期より『中止』のほうが経済的損失はすくないのではないか」「『復興五輪』ならこのタイミングで中止してその分のお金を復興に回す」と提案する。

政権・メディア・国民の三位一体

五輪問題ではメディアの加担も目立つ。感染拡大の防止と経済対策が最大の課題になったG20テレビ首脳会談（3月26日）。経済的な打撃に対処するために「5兆ドル（約550兆円）超の投入」で合意したのだが、ここでも安倍は、もはや多くの加盟国には全く関心外の東京五輪の延期開催を持ち出した。

この首脳会談を報じる「日経」の記事（3月27日「世界経済に5兆ドル超投入」）は「安倍晋三首相は今夏に予定していた東京五輪・パラリンピックを1年程度延期すると説明した上で『完全な形で実施する』と決意を表明した」と書き、「声明にも五輪の延期を歓迎すると盛り込んだ」と、安倍主張が受け入れられた「成果」を強調するのだ。

他の全国紙も似たり寄ったり。欧米の主要紙には「五輪」などもはや一言も登場しない。30日の米紙「USAトゥデー」（電子版）は、東京五輪の新たな大会日程が発表されたことについて「(コロナ禍の中で）無神経の極みだ」と、安倍が、改元狂騒曲の先にみていたのが東京五輪の開催だったと書いた。パンデミック対策と経済対策は「東京五輪の犠牲にされた」と言っていい。この「理にかなわない」政策決定の責任は、果たして安倍一人が背負うべきものだろうか。

むしろ、決定した政策を無批判に受け入れるわれわれの伝統的意識にも問題が潜んではいないか。「はじめに」で、日本のガバナンスに影響を与える特殊性として、①「同質一体」幻想、

ドイツ　メルケル首相のテレビ演説（2020年3月18日）
（ドイツ連邦政府ホームページより）

②言葉によらないコミュニケーション、③摩擦回避のため事実を究明しない手法——を挙げた。多くの西側諸国は「代表民主制」を採用している。しかし「言葉によらないコミュニケーション」「摩擦回避のため事実を究明しない手法」が、集団的な社会意識として機能する社会と、「知、情、意」を尽くして「理」を求めることが、政策決定プロセスに決定的な役割を果たす社会とでは、同じ民主国家でも雲泥の差がある。

官僚が作ったプロンプター原稿を読む安倍演説とは、対極にある演説を紹介したい。メルケル・ドイツ首相が3月18日、個人の行動を大幅に制限するウイルス対策を打ち出すにあたってのTV演説である。日本語翻訳は駐日ドイツ大使館による訳を引用した。[7]

知情意尽くしたメルケル演説

メルケル演説は「知、情、意」のバランスがよくとれ、個人行動を制限する「理」を説く。言葉に力があることを改めて教えてくれる。説明抜きで突然「小中高の一斉休校」を発表し、子育て家庭をパニックに陥れた国とは大違いだ。演説の一部を紹介する。

「何百万人もの方々が職場に行けず、お子さんたちは学校や保育園に通えず、劇場、映画館、店舗は閉まっています。なかでも最もつらいのはおそらく、これまで当たり前だった人と人の付き合いができなくなっていることでしょう。もちろん私たちの誰もが、このような状況では、今後どうなるのかと疑問や不安で頭がいっぱいになります。」「開かれた民主主義のもとでは、政治において下される決定の透明性を確保し、説明を尽くすことが必要です。私たちの取組について、できるだけ説得力ある形でその根拠を説明し、発信し、理解してもらえるようにするのです」

困難な生活を強いられる市民の目線で、政治決断に至った過程を丁寧に説明する。そして、「買いだめ」などのパニックを想定しながらこう続ける。

「食糧供給は常時確保されていますので、どうか安心していただきたい。たとえ商品の棚が一日空になることがあったとしても、商品は補充されます。スーパーに買物に行かれる方に申し上げたいのですが、ストックの買い置きが有意義であるのは、何も今に始まったことではありません。しかしそれは、節度を守ってこそ、です。商品が二度と手に入らないかのごとく買い占めに走るのは無意味であり、結局、他者への配慮に欠ける行為となります」

「スーパーのレジ係や商品棚の補充担当として働く皆さんは、現下の状況において最も大変な仕事の一つを担っています。皆さんが、人々のために働いてくださり、社会生活の機能を維持してくださっていることに、感謝を申し上げます」

「美辞」も「大言」もない。だが細かな心配りは「情」に満ち政治的な立場を超えて人々の「腑に落ちる」説得力を持っている。この演説の後、スーパーにひとりで買い物に出かけ、ワインとトイレットペーパーが入ったカートを引く彼女の姿を撮った写真がＳＮＳで拡散したことも付け加えよう。

「社会的合意」の有無の自覚を

もう一点だけ引用したい。

「こうした制約は、渡航や移動の自由が苦難の末に勝ち取られた権利であるという経験をしてきた私のような人間にとり、絶対的な必要性がなければ正当化し得ないものなのです。民主主義においては、決して安易に決めてはならず、決めるのであればあくまでも一時的なものにとどめるべきです。しかし今は、命を救うためには避けられないことなのです」

どうだろう。メルケルが東独出身者として「自由な移動ができなかった」自身の体験を踏まえて、厳しい制限を強いるのは「命を救うために不可欠」と丁寧に説明する。「知」に基づく明快な「意思」に満ちている。下手な説明はこれぐらいにする。

「好事魔多し」

伝統と文化に支えられた社会意識をすぐに変えろと言ったって、それは無理というものだ。ただ、何が何でも五輪を優先して、丁寧な説明もせずに多くの人を「一斉休校パニック」に陥らせた責任は問うべきだ。安倍が五輪の1年延期を決めた時、それを「政治的遺産」の花道として退陣するのかと一瞬考えた。

8月の退陣まで7年8か月もの「独り勝ち」政権を担ってきた安倍だが、そこに突然強力なライバルが出現した。小池百合子・都知事である。「好事魔多し」と言うべきかもしれない。

小池には、人々を動員する抜群のアジテーター能力があると思う。彼女は3月25日夜の緊急記者会見で「週末の外出を控えるよう」要請した際、フリップを掲げた。それには緑色の地に白抜きで「感染爆発　重大局面」と8文字が、目立つように印字されている。この8文字ほど、忍び寄るコロナウイルスに漠たる不安を感じていた多くの市民の危機感を煽ったメッセージは

「感染爆発　重大局面」と掲げる小池百合子都知事（2020年3月25日）
（東京都ホームページより）

なかった。漢字の持つ迫力、危機を利用し指導力を見せつけようとするアピールの力だ。

当日夜、東京はもちろん首都圏のスーパーに多くの人が行列を作り、食料品を中心に買い占めが始まり、棚から品が消えた店もあった。8文字のメッセージは、「小中高一斉休校」がもたらしたパニックを超える破壊力があった。

「小池劇場」

自民党都連は五輪の1年延期が決まったその日に、7月5日投開票の知事選での独自候補見送りを決定した。二階自民党幹事長のバックは大きい。小池圧勝は確実になった。「希望の党」でミスり、蟄居してきた小池の目の色が俄然変わり、目の奥からメラメラと炎が燃え上がる。権力の生臭いにおいを敏感にかぎとり、居ても立ってもいられない——典型的な「権力亡者」。

小池は3月26日夜に安倍を訪ね、成立した特別措置法に基づく対応を検討し、速やかに情報提供を行うよう要望した。会談に先立ち小池が要望書を提出する様子をみると、小池はすっかり安倍の株を奪ってしまった。3月31日の安倍・小池会談では、緊急事態宣言を出しあぐねる安倍に「早く決めなさいよ」と言わんばかりの迫力をみせた。もはやどちらが首相か分からない、そんな光景だった。この光景は安倍が政権を「投げ出す」転換点になったようにも感じた。

コロナ退陣した唯一のリーダー

安倍は8月28日に退陣を表明した。その理由として持病の「潰瘍性大腸炎」の再発悪化から「職務を継続するのが困難になった」と説明した。その説明にウソはないだろう。ただ持病悪化は、「原因」だったのか。

新型コロナの初期対応の失敗に「後手に回った」との批判が集中し、支持率が急落。ストレスが体調をむしばんだ「結果」だったと思う。それが正しければ、安倍はコロナ対策の失敗によって退陣を余儀なくされた唯一の先進国リーダーということになる。

特に安倍に打撃を与えた決定打は、4月1日に発表した布マスク2枚を全世帯に配布する「アベノマスク」である。有権者にとってこれほど身体性を感じる「愚策」は歴史的にもそうないだろう。

延期した東京オリンピックの開催可否の判断は２０２１年春に迫る。終わりの見えないコロナ・パンデミックとワクチン実用化は、早くても21年になることを考えれば、「中止」の可能性は依然として消えない。

ポスト安倍には、官房長官として安倍政権を支えてきた菅義偉氏が首相に就任した。菅は日本学術会議の任命をめぐり、政治介入の体質を早くも露呈した。ポストコロナの時代には、国家の復権が世界的に顕著になっている。

国家権力を最大限に発揮する本格的なファッショ政権が登場するかもしれない。「安倍ちゃん？　かわいい時代でした」となりかねない。強権政府を待望する時代に注意しなければならないのは「指導者待望論」である。「ジャパン・ファースト」の旗が振られ、東アジア政治と日中関係にも大変化が訪れる。延期された習近平訪日は実施のめども立たず、日中関係も仕切り直しだ。

注

1　「ニューズウィーク日本版」２０２０年４月28日「『中国ウイルス』で責任逃れを図るトランプ、情報操作の一部始終」
https://www.newsweekjapan.jp/glenn/2020/04/post-42.php

2　ピュー・リサーチ・センター、２０２０年４月８日「米国人の約３割がウイルスは実験室でできたと回答（Nearly three-in-ten Americans believe COVID-19 was made in a lab）」
https://www.pewresearch.org/fact-tank/2020/04/08/nearly-three-in-ten-americans-believe-covid-19-was-made-in-a-

lab/

3 ピュー・リサーチ・センター、２０２０年４月21日「米国で中国を否定的にとらえる見方が増えている（Negative views of China continue to grow in U.S.）」
https://www.pewresearch.org/global/2020/04/21/u-s-views-of-china-increasingly-negative-amid-coronavirus-outbreak/pg_2020-04-21_u-s-views-china_0-01/

4 ＮＨＫ　２０２０年４月23日「新型コロナの発生源は？　真相究明求める声 世界で広がる」
https://www3.nhk.or.jp/news/html/20200423/k10012402431000.html

5 「朝日」社説　２０２０年４月17日付「コロナと米中　覇権争いの時ではない」
https://www.asahi.com/articles/DA3S14444809.html

6 「ＢＵＳＩＮＥＳＳ　ＩＮＳＩＤＥＲ」２０２０年５月１日「台湾がコロナ『優等生』になった理由。閣僚に医師出身、デジタル化の一方で強まる監視」
https://www.businessinsider.jp/post-212152

7 ドイツ連邦共和国大使館・総領事館、２０２０年３月19日「新型コロナウイルス感染症対策に関するメルケル首相のテレビ演説（２０２０年３月18日）」
https://japan.diplo.de/ja-ja/themen/politik/-/2331262

第二章　米中戦略対立の激化

トランプ政権始動

２０１６年11月の米大統領選挙で、共和党のドナルド・トランプ候補が、大方の予想を裏切って、民主党のヒラリー・クリントン候補を破り当選した。「海峡両岸論」（以下「両岸論」）第73号（２０１６年12月）で筆者は次のように書いた。

「トランプ登場は、国際政治における米国の歴史的変化を象徴している。第一に、米一極支配構造の終末と多極化である。トランプのスローガンは『偉大な米国を取り戻す』だが、それは『米帝国の凋落』という現実の裏返しの表現にほかならない。第二は米一国で解決できない問題はますます多くなる。『イデオロギー外交』に代わり、『他極』との間で『取引外交』を展開せざるを得ない。他極とは中国をはじめロシア、ＥＵである。日本は米国の陰に存在する脇役の地位に置かれる。台湾と同様、取引外交のカードになる可能性もある」

この見立ては、大筋では誤ってはいなかったが、米中戦略対立がその後、国際政治の基調になるとは思っていなかった。トランプ・習関係のスタートからざっと振り返る。

「一つの中国政策」を確認

トランプの対中政策は、「中南海」（中国共産党の最高指導者の居住区）を悩ませてきた。トランプは、2016年12月2日の蔡英文・台湾総統との電話会談に続いて、「一つの中国」に疑念を表明、南シナ海問題や通商・為替政策でも中国非難を始めたからである。中国外務省はそのたびに記者会見で不快感を表明したが、習近平はずっと沈黙を保ってきた。大統領正式就任前の「私人」の発言ということもあったのだろう。

転機が訪れたのは、トランプが第45代大統領に就任（2017年1月20日）した直後である。トランプは2月8日、習に「米中双方の利益となる建設的な関係」の構築を期待しているとする書簡を送ったのである。大統領就任後、習への初めての直接的な働き掛けに、中国外交部は沸き立ち「高く評価する」と歓迎した。

書簡を受けて実現したのが2月9日の電話会談である。会談の内容を報じた10日付の中国の「新華社」通信によると、トランプは「米政府が一つの中国政策をとることの高度な重要性を十分に理解しており、米政府は一つの中国政策を堅持すると強調した」と述べた。これに対し習は、一つの中国政策を堅持すると強調したことを称賛し、「一つの中国の原則は中米関係の

トランプ・習近平米中首脳会談（2017年11月9日、北京）
（在中国米国大使館ホームページより）

政治的基礎である。中国は米国と共に努力し、意思疎通を強め、協力を拡大し、中米関係の健全で安定した発展をはかりたいと願う」と応じた。中国にとって「一つの中国」の確認が、対米関係の基礎になっていることが分かると思う。

米中は協力パートナー

ではホワイトハウスは、この部分をどう書いたか。プレスリリースは「トランプ大統領は習主席の要請で、我々の〝一つの中国〟政策を尊重することに同意した（President Trump agreed, at the request of President Xi, to honor our "one China" policy）」。味もそっけもない短文である。

一方、先に引用した「新華社」電は、習・トランプ双方の発言を細かに紹介し、北京が米新政権と「大国関係」に基づき協力と協調構築を希望している姿勢を鮮明にした。少し長いが引用する。

「習主席は次のように指摘した。中米が協力を強化する必要性と緊急性は一段と高まっている。中米関係を良くすることは、両国人民の根本的利益に合致し、また中米という二つの大国が世界に対して果たすべき責任でもある。われわれは米国と経済・貿易、投資、科学技術、エネルギー、人・文化、インフラ各分野の互恵協力を強化し、国際・地域問題での意思疎通と協調を強化して、共に世界の平和・安定を守ることを願っている」

続いてこの「新華社」電は、トランプの発言として「習主席との電話会談をうれしく思う。わたしは就任以降、双方が緊密な連絡を保ったことに満足している。中国の発展の歴史的成果に敬服しており、中国人民に敬意を表したい。米中関係の発展は米国人民から広く支持されている。米中は協力パートナーとして、共同の努力により、二国間関係を新たな高さに引き上げられると信じている」と伝えている。

この3年半後の2020年7月23日、ポンペオ国務長官が対中政策演説で、習を「全体主義のイデオロギーの真の信奉者」と非難し、全面対決姿勢をみせるなどとは思いもよらぬスタートだった。

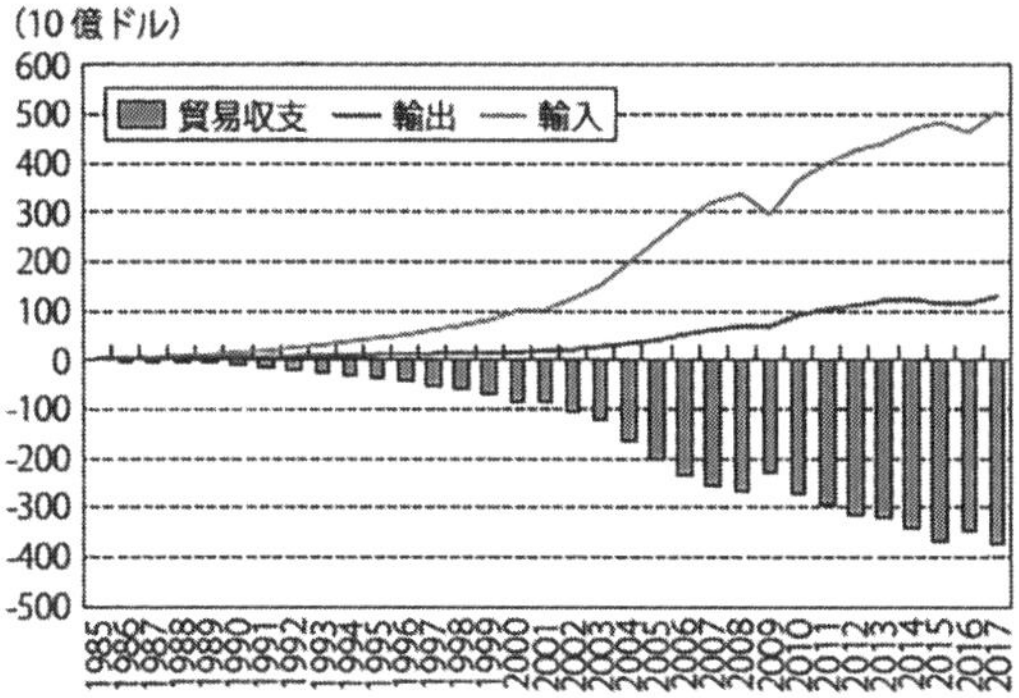

備考：センサスペース
資料：米国国税調査局、CEIC データベースから作成

米中貿易収支
出典：通商白書 2018、p.45

（一）米中貿易戦争

トランプ・習電話会談で双方は協力関係をうたい、習は２０１７年４月に訪米した。４月６、７日フロリダ州での米中首脳会談では、貿易不均衡問題を解消するための、米中包括経済対話メカニズム（貿易交渉）の立ち上げで合意した。米国の対中輸出を増やすための「１００日計画策定」が取り決められたのである。米国の対中貿易赤字額は、２０１７年は２７５８億ドルと、過去最高を記録していた。

米国が主張する中国の「不公正な貿易慣行」とは具体的に何を指すのだろうか。ロバート・ライトハイザー米通商代表は17年9月の講演で、中国は、外国企業が中国に進出する際、技術移転を強要し、さらに不公正な補助金で輸出を促進し、「国際的な貿易体制の脅威になっている」と主張した。これに対して中国側は「企業間の取引の話であり、中国政府による干渉は一切ない」と反論した。

米中関係は17年は、対立が際立つどころか、北朝鮮の金正恩・労働党委員長が進めた核実験と長距離ミサイル実験に対し、「北朝鮮有事」に向け、米中軍事協力協議を進めたほどである。

米中「貿易戦争」が激しさを増し、高関税合戦を始めるのは2018年の春からである。争いの性格も、単なる通商摩擦にとどまらず、米中パワーシフト（大国の重心移動）に伴う「中国抑止」へと変化し、長期化の様相を呈してきた。

第1段階合意に署名

米中貿易交渉の経過をざっとおさらいしよう。

トランプ政権が、中国による知的財産権の侵害などを理由に、追加関税措置の第1弾340億ドル分（818品目）に25％の関税を発動したのは18年7月6日。さらに8月23日には第2弾として160億ドル（284品目）に25％の関税を発動。これに対し中国側も、第1弾では340億ドル、第2弾でも160億ドルと、米側と同額の追加関税（最大25％）の対抗措置を発動した。

米側第3弾は18年9月24日。対象金額はなんと2000億ドル（5475品目）にも上り、第4弾は2019年9月1日の1200億ドル（3243品目）に上った。これで米側は、中国からの輸入品のすべてに高関税を課したことになる。一方、中国対抗措置は、第3弾、第4

弾では計1350億ドル。やはり米国からの全輸入品が対象となった。

米中両国はこの間、中国代表の劉鶴副首相と米側のムニューシン財務長官、ライトハイザー通商代表部代表らとの間で断続的に通商協議を行った。そしてトランプは19年12月、米中が第1段階の合意文書で妥結したとして、9月1日に発動した第4弾リスト1200億ドル分の対中関税を7・5%に引き下げると発表した。また20年1月13日には、中国への為替操作国認定を解除した。

両国は2020年1月15日、ワシントンで包括的貿易協定の第1段階合意に署名した。合意文書には、中国企業および政府機関による米国の技術と企業機密の「窃取」に対し、中国側が取り締まりを強化するという公約のほか、対米貿易黒字の縮小に向け中国が2年間で2000億ドル（当時、約22兆円）相当の追加購入計画の概要が盛り込まれた。

中国側が為替操作を控えることや、合意を確実に履行させるための制度も合意文書に明記された。過去の米政権が中国との間で行っていた経済対話も再開させることになった。

対中制裁は逆効果？

こうして高関税の応酬を振り返ってみれば、それがいかに「経済合理性」に逆行する動きだったかが分かる。

「経済合理性」とは次のような論理である。

中国商務省の18年7月の発表によると、中国の対米輸出の6割は、米国企業を中心とする外資企業の輸出が占めている。だから中国製品に高関税を課せば、ダメージを受けるのは中国側だけでなく、米企業と経済にも損失を与える。米中経済がいかに深い相互依存関係にあるかが分かろう。

好調だった米国経済を支えてきたハイテク企業は、その多くを中国からの輸入製品に頼っており、米半導体産業協会は対中制裁を「逆効果だ」と批判した。

北朝鮮、台湾問題とも連動

だが、高関税の応酬を「経済合理性」だけから判断すると本質を見誤る。通商摩擦と並行して顕在化する北朝鮮・台湾問題、南シナ海問題などの政治摩擦は、トランプ政権の対中新冷戦イニシアチブの地下水脈で連動している。

トランプ政権が対中制裁関税を課すと初めて明らかにしたのは18年6月15日。歴史的な米朝首脳会談がシンガポールで開かれた3日後のことだった。当時「対中制裁と朝鮮問題の連動」について西側メディアでは、トランプ政権が北朝鮮との直接対話のチャンネルを作ったことで、北朝鮮問題で中国の影響力を考慮する必要がなくなった、という分析もあった。

台湾カードはもっと露骨である。トランプは就任直前、蔡英文・台湾総統と電話会談したのに続き、2018年3月には米台高官の相互訪問に道を開く「台湾旅行法」に署名し、北京を苛立たせた。さらに上院は18年8月初め、台湾との軍事関係強化を盛り込んだ「2019年度国防権限法案」を可決。中国が「核心利益」とみなす台湾問題に手を突っ込み、揺さぶりをかけ続けている。それは第四章で詳述する。

台湾の馬英九・前総統の外交・安全保障アドバイザーを務めた楊永明・台湾大学教授は「トランプのアジア回帰政策は北朝鮮、インド太平洋戦略、対中貿易戦の三局面から、中国を抑止しようとする」（台湾紙「聯合報」18年8月4日付）と分析した。狙いは単に通商摩擦の解消ではなく、対中抑止を通じたパワーシフトの有利な展開にある。

曖昧化する安保と経済の境界

習近平指導部は2015年5月、次世代情報技術や新エネルギー車など10の重点分野と23の品目を設定、製造業を高度化し、建国100年を迎える2049年に「世界の製造強国の先頭グループ入り」を目指す長期戦略「中国製造2025」を発表。さらに2017年7月には「次世代AI（人工知能）発展戦略」で、中国AI産業を2030年に、世界トップ水準に向上させる野心的な国家戦略を発表した。

米国を凌ぐ大国を目指す中国に対し、トランプ政権は2017年12月、「国家安全保障戦略報告書」を発表、AIを戦略的技術と位置付けた。そして中国企業が知的所有権を盗み、サイバー攻撃を通じ、「核心的技術を不当に利用している」と、中国への対抗をむき出しにした。

この「戦略」は先に触れたように、トランプ政権の米中新冷戦イニシアチブの綱領的文書とも言える内容だった。

対中制裁関税第2弾は、集積回路など半導体関連を標的にする内容だった。トランプ政権が特に意識しているのが、「中国製造2025」。米中関係は安全保障でいくら敵対しても、経済相互依存の深まりで全面的には「敵対」できないとみられてきた。

しかし、AI技術は汎用性が高く、軍事転用すれば「安保と経済」の境界は曖昧になる。中国はハッキングや盗聴を不可能にする「量子暗号通信」を飛躍的に向上させ、圧倒的な軍事優位を保ってきた米国の地位を揺さぶる。バイデン政権も同様の措置を取る可能性がある。

土壇場で中国が強硬に出た理由

中国は2019年5月10日、9割方完成していたと言われる貿易協議の合意文書を大幅に修正し、米中貿易協議は決裂した。土壇場での方針転換は、もし対米交渉で妥協してしまうと、内政の統治に跳ね返る危険があったため、権力集中を進める習ですら動揺したことを示している。

米中両国は2018年末、貿易戦の「一時休戦」で合意。それ以来、5か月間に及ぶ閣僚級協議で、中国の産業補助金削減や知的財産権保護、為替政策の透明化など7分野で協定文が作成され、150ページにも及ぶ文言を、英語と中国語で互いに詰める段階まで進んでいた。これが、いわゆる合意文書である。つまり中国は自国の法制度を変更してまで米国の要求に応える準備を進めていた。

では、中国政府を土壇場で「翻意」させた理由は何か。内幕情報と識者の分析から、二つの理由が浮かび上がる。

第一は、合意文書に調印すれば、「共産党指導の堅持」という中国の最高指導方針を否定しかねないとの懸念だった。

それを裏付ける証拠はいくつかあるが、まず中国代表の劉鶴副首相の発言をみよう。ワシントンでの協議決裂直後、劉は中国メディアと異例のインタビューに応じ、「中国は原則にかかわる問題では決して譲歩しない」と〝強気〟の発言をした。会見を開くこと自体が異例だが、朱建栄・東洋学園大教授は劉発言をこう読み解く。

「慎重な性格の劉氏はふつうはこんな強気の発言はしません。それに北京指導部の事前了解なしにこんな発言はできません。劉氏は、交渉が妥結できるとは最初から考えていなかった。発言は（協議決裂後の）北京の新方針と作戦を明らかにするためでした」

「新華社」通信（2019年5月12日）[1]によると、中国が今回の協議で求めたのは次の3点だという。

(1) 合意後の追加関税の即時撤廃
(2) アメリカ製品の輸入規模の縮小

(3)　協定本文での中国の主権と尊厳の尊重

劉氏が言う「原則にかかわる部分」の「原則」についてはさまざまな解釈ができるが、中国の核心的利益に関係するのは、(3)の「中国の主権と尊厳の尊重」であろう。

法制度の変更を撤回

「中国の主権と尊厳」とは何を指すのか。ロイター通信（5月7日）[2]が、そのヒントを与えてくれる。ざっと紹介しよう。5月初めの段階で、中国は自国の法制度を変更してまで米国の要求に応える合意文書に調印する準備を進めていた。

ところが5月3日に米政府に届いた中国側の修正文書は、

(1)　知的財産・企業秘密の保護。
(2)　技術の強制移転。
(3)　競争政策。
(4)　金融サービス市場へのアクセス。
(5)　為替操作。

などについて、米国が要求した「法律改正の約束」を撤回する内容だった。

それまで「歴史的な取り引きは間近だ」と早期妥結を示唆してきたトランプ大統領が5日になって「対中制裁関税を引き上げる」とツイートしたのは、この修正文書をライトハイザー通商代表らから知らされたためだった。

対米交渉で揺れ続けた習近平

交渉決裂の原因は、もうひとつある。香港英字紙「サウスチャイナ・モーニング・ポスト」（5月6日）によると、合意案は中国側にとって譲歩を強いられる点が多すぎ、習近平国家主席はそれを聞いて拒否を決断、「起こり得る結果の責任はすべて自分が引き受ける」と、交渉チームのメンバーに語ったという。

習指導部の姿勢はこの1年、揺れに揺れてきた。

2018年8月には、対米強硬路線が優勢になったとみられたが、10月のペンス副大統領の「米中新冷戦」演説の後は協調路線に転換。

しかし19年5月の米中貿易交渉最終段階にきて、「譲歩しすぎ」として対米交渉を中心的に担っていた劉鶴への批判が強まっていた。合意文書を文言通り実行すれば、「産業育成にかかわる共産党の統治モデルそのものが崩れかねない」という警戒が広がった。

土壇場の翻意は、習自身が「共産党指導の堅持」という基本原則にこだわったことをうかがわせる。「共産党指導の堅持」は、憲法にも明記されている最重要の政治路線であり、妥協できない原則である。

もう一つの要因を追加すれば、習指導部内には米国の圧力を利用して経済改革を進めようとするグループと、経済改革に反対するグループとの「綱引き」があった。土壇場の翻意はこの綱引きの表れという見方もある。

当時、中国は1989年6月の「天安門事件」30周年を控え、政治的に敏感な時期にも当たっていた。天安門事件は、民主化運動への対応をめぐって党指導部が分裂したことが最大の背景だった。対米政策でも、基本原則を揺るがすような事態は避けねばならない。

日米半導体摩擦と酷似

「翻意」の第二の理由として矢吹晋・横浜市立大学名誉教授は、「1980年代の日米半導体交渉からくみ取った学習効果」を挙げる。

「地方政府への補助金カットなどはいくらでも妥協できます。問題の核心は次世代高速通信規格『5G』をめぐる覇権争いです。注目すべきは、合意文書が中国国内法改正にこだわったこと。日米半導体協議では協定文書によって、日本は米国に身ぐるみはがされ、結局デジタル経済で完全に後れをとってしまいました」

日米半導体紛争を少し振り返ろう。その端緒は、米半導体メーカーが1978年、日本の輸入障壁や政府補助に注文を付けたこと。半導体の対米輸出は、「米ハイテクと防衛産業の基盤を脅かす」という安保上の理由も挙げられた。「国家主導の産業政策」といい「米ハイテク、防衛産業への懸念」といい、米中貿易摩擦と酷似していることが分かる。

日米は１９８６年７月、

(1) 日本は国内ユーザーに対し外国製半導体の活用を奨励。

(2) 日本政府は対米輸出される６品目の半導体のコストと価格を監視。

(3) 米商務省はダンピング調査を中断。

などを盛り込んだ「日米半導体協定」に調印した。

だが、協定を結んだものの、摩擦は消えない。レーガン米政権は翌１９８７年４月、

(1) 日本の第三国向け輸出のダンピング。

(2) 日本市場での米製品のシェアが拡大していない。

を理由に、日本製のパソコン、電動工具、カラーテレビなどに、関税を１００％に引き上げる措置を発動した（同年６月解除）。

「失われた20年」の再来恐れる

この協定によって、日本は対日アクセス促進措置をとるなど、次々に妥協を強いられていく。結局、協定が１９９６年７月に失効するまで、約20年もの時間がかかったのである。

中国経済がこのまま６％台成長を維持すれば、２０３０年代に中国はＧＤＰ総額で米国を抜き、世界一のＧＤＰ大国に躍り出る。中国からすれば、日米半導体摩擦のように、協定に縛られ妥協を強いられていけば、成長の手足が縛られ身動きできなくなる。

その結果、すでに危険水域に入っている債務危機でバブルがはじける事態を招けば、日本同様「失われた20年」を繰り返すことになってしまう。米中合意文書はその引き金になりかねない。その懸念こそ、サインを踏みとどまらせたのである。

(二) ファーウェイ排除

米中の戦略対立は貿易交渉だけでは終わらない。トランプ政権は2018年3月、対中関税の発動を表明するとともに、翌4月、中国国有通信機器大手、中興通訊（ZTE）に、半導体などの輸出を禁止する制裁措置を発動した。ファーウェイ排除の先駆けになる動きだった。中国の貿易交渉先延ばしを警戒し、「切り札」を出してきたとも言える。だが、米中戦略対立の「核心」は、中国が米国を追い抜こうとしている「ハイテク技術」をめぐる覇権争いにある。

トランプ政権によるファーウェイ排除の動きは次のページの表をご覧いただきたい。

トランプ政権の標的にされたファーウェイは、中国ハイテク業界を代表する世界的な大手企業。スマートフォンや携帯電話の基地局など、通信機器の開発や生産を幅広く手掛ける。人民解放軍出身の任正非氏らが1987年に広東省深圳で設立。約170か国・地域で事業を展開し、日本でもスマホやパソコンを販売している。高速大容量の第5世代（5G）移動通信システムでは、世界最先端の技術を持つとされる。

トランプ政権によるファーウェイ排除の動き

2012年10月	米下院委員会が報告書で、安全保障上の脅威があるとして米政府や企業にファーウェイとＺＴＥの製品を使わないよう勧告
2015年2月	米連邦捜査局が米通信網へのファーウェイ機器の普及は、中国のスパイ活動に利用される恐れがあると警告
2018年4月	米商務省がイラン制裁違反でＺＴＥへの制裁発動
8月	米政府機関がファーウェイなどからの部品調達を禁止する19年会計年度国防権限法成立
12月	米国の要請に応じカナダがファーウェイ副会長孟晩舟副会長を逮捕
2019年5月	米商務省、ファーウェイを輸出規制の対象に追加
2020年5月	米国技術を使って製造したファーウェイ向け製品の輸出禁止を商務省が発表
8月	米商務省がファーウェイへの輸出規制範囲を拡大
9月	猶予期間が終わり、米国技術を使った半導体のファーウェイへの禁輸実施

表にあるように、米連邦捜査局（ＦＢＩ）は２０１５年２月、ファーウェイ機器の米通信網への普及は、「中国のスパイ活動に利用される恐れがある」と警告した。「スパイ活動」とは具体的にどのようなことを指すのか。

バックドアで情報窃取？

具体的には、データを盗み出すため「バックドア（裏口）」と呼ばれる不正プログラム技術を使えば、第三者が遠隔でデータを盗み見できる。これに対し、ファーウェイ側は、スパイ疑惑を一貫して否定、「同社製品を調達することを禁じる法律は憲法違反」として米国で提訴した。裁判ではファーウェイ側が「安全保障上の懸念」の証拠提出を求めているが、米政府は出していない。

なぜ米政府はこれほど神経を尖らせるのか。

それは米政府自身が1993年、「クリッパーチップ」と呼ばれる暗号化用の半導体チップを、電話機やコンピューターに組み込もうとした「前歴」があるからだ。この時は反対が強く計画は実行されなかった。さらに米中央情報局（CIA）元職員のエドワード・スノーデン氏は2013年、米国家安全保障局（NSA）が米シスコシステムズの通信機器に「バックドア」を仕掛けていると暴露。16年には米政府高官が、米アップルや米グーグルなどの幹部に、バックドアの提供を要請していたことが明らかにされている。「バックドア」であれ「情報窃取」であれ、自分たちが世界に先駆けて行ってきたからこそ、「中国もやるに違いない」という恐れを抱いていることが分かる。

米技術使った半導体禁輸

ファーウェイ排除網はだんだん狭まっていく。米商務省は2019年5月16日、ファーウェイに対する米国製ハイテク部品などの禁輸措置を発表した。禁輸は、日本を含む外国企業が米国製品を同社に輸出する場合も適用されるため、米国製部品に依存してきたファーウェイへの打撃は大きい。最先端の通信機器をめぐる「米中デカップリング」と言っていい。

2020年に入ると、ファーウェイ攻撃はさらに手が込み入ってくる。商務省は、米国技術を使って製造したファーウェイ向け製品の輸出禁止を発表。9月15日には、米国技術を使う企業から同社への半導体輸出を全面禁止する措置を発動した。

この措置は、ファーウェイや半導体受託生産の「中芯国際集成電路製造（ＳＭＩＣ）」への、半導体や半導体製造装置、設計ソフトの供給を制限するため、世界中の関連企業が両社との取引をストップした。ファーウェイのスマートフォン生産と次世代移動通信規格「５Ｇ」構築に打撃を与えるのが狙いである。

半導体分野では米国の技術は不可欠である。制裁強化によってファーウェイは、半導体を調達できず最新スマホの生産が滞る恐れがあり、「５Ｇ」対応スマホが計画通りにつくれなくなる可能性が出てきた。

デカップリングの作用

１９８９年の冷戦終結で、世界は少なくとも経済的には一つになった。その地球規模の経済が「切り離される（デカップリング）」と、いったいどのようなことが起きるのだろう。我々の目の前で繰り広げられているデカップリングの作用をみておこう。

まず、ファーウェイに年間約１・１兆円の部品を供給している日本企業への影響。スマホ・カメラに用いる画像センサーを、年数千億円分供給するソニーは、米政府の禁輸措置発表後、取引継続のために米政府への輸出許可申請を検討していると伝えられる。苦肉の策だ。スマホ向け液晶パネルを手掛けるジャパンディスプレイ（ＪＤＩ）は、中国スマホ大手の小米科技（シャオミ）やＯＰＰＯ（オッポ）など、ファーウェイ以外への販売拡大を模索する。

半導体受託生産で、世界最大手の台湾積体電路製造（ＴＳＭＣ）はファーウェイに年約６０００億円分の製品を納めてきた。さらに台湾で半導体設計開発を手掛ける聯発科技（メディアテック）も、５００億円弱の取引があるとされる。韓国サムスン電子もメモリーなどの大口取引メーカーである。結局、ファーウェイへの半導体禁輸によって日本、台湾、韓国だけで、「２・８兆円の部品供給停止リスク」（「日経」２０２０年9月10日）があるとされる。

ファーウェイは対応策として、中国産の半導体開発を急ぐが、米国はそれも封じようとしている。米国防総省は米企業に対し、中国政府が支援する同国の半導体製造大手、中芯国際集成電路製造（ＳＭＩＣ）との取引を禁じる方針と米メディアは伝える。サプライチェーンを破断するための「兵糧攻め」と言えるだろう。デカップリングの作用はこれだけにとどまらないが、その前に、トランプ政権が中国のハイテク技術の猛追をいかに恐れているかをみよう。

（三）ハイテクと軍事

米国脅かす中国の国家戦略

前に触れたように中国政府は２０１７年、ＡＩ（人工知能）産業を２０３０年に世界トップ水準に向上させる野心的な国家戦略を発表した。今世紀半ばに中国を「世界トップレベルの総合力と国際的影響力を持つ強国」にする「中国の夢」の第一歩と言ってもいい。中国のＡＩ発展戦略を概観する。

ＡＩは、将来の経済と安全保障に無限と言ってもいいほどの影響力をもたらす技術である。自動運転やビッグデータを活用した都市管理システム「スマートシティー」。医療映像や自動翻訳、音声・視覚認証などが製造業と一体化すれば、果てしない経済効果が期待できる。

横浜市大の矢吹晋・名誉教授は『中国の夢――電脳社会主義の可能性』（花伝社、２０１８年）の中で、中国が進める「シェアリング経済」について、社会管理と人間関係に巨大な変化をもたらすとみるだけではない。

スマホ決済によって集積されたビッグデータが「消費財の生産計画に活用され、生産財への資源配分に及ぶ。こうして中国経済全体への資源配分が可能になる」とし、「中国の夢とは、ＩＴ革命からＥＴ革命への転換を全世界に先駆けて疾走することによって実現される」と解説する。

「次世代ＡＩ発展計画」

ここではもう少し、「次世代ＡＩ発展計画」の内容から中国の野心的な目標を概観したい。計画はＡＩを「国際競争の新たな焦点になり、将来をリードする戦略技術」と位置付け、３段階の発展戦略を掲げた。

第1段階は、20年までにＡＩの全体的な技術とその応用を「世界先進水準に引き上げる」とし、関連産業も含めた規模を1兆元（当時、約17兆円）と見込む。

第2段階は25年まで。基礎理論を進展させ一部技術と応用を「世界トップ水準に向上させる」のが目標。中国の産業アップグレードと経済の構造転換をけん引する主要な原動力にしようというのである。関連産業も含めた規模は5兆元。

そして第3段階として、30年までに「理論、技術、応用のすべての分野で世界トップ水準」に引き上げ、中国を世界の主要な「AIイノベーションセンター」にする目標を設定した。関連産業を含めた規模は10兆元（約170兆円）で、約10年で産業規模を10倍にする。日本の2020年度予算（102兆6580億円）の1・6倍に相当する。

御三家「BAT」の飛躍

中国IT産業の成長は目覚ましい。〝御三家〟と言われる「BAT」（百度、アリババ、テンセント＝騰訊控股）をはじめ、民間企業もそれぞれAI戦略を発表している。通販サイトを急成長させた「アリババグループ」は17年10月、2020年までにAIや半導体関連の研究開発費として1000億元（当時、約1兆7000億円）超を投入すると発表。将来は20億人の利用者を抱え、1000万の事業者が活用する〝アリババ経済圏〟を構築する「夢」を描いた。

日本のAI産業を大きく引き離した中国は、科学技術関連の論文掲載数と発明品の特許取得量で、米国に次ぎ世界2位になった。ビッグデータのほか音声認証、視覚認証では世界トップに立っている。その一方「米国と比べて基礎理論でのイノベーションが少ない」「高度なＡＩ人材が不足」との指摘も根強い。

今後約10年で米国を抜くには何が必要なのか。

「発展計画」に続いて中国政府は17年11月15日、次世代ＡＩ発展計画推進弁公室を設立。第1期として、政府主導で四つのＡＩ分野を定め、分野ごとにリード企業を選定する戦略を発表した。４分野とリード企業は次の通り。

(1) 医療分野は「テンセント」。
(2) スマートシティーでは「アリババ」。
(3) 自動車の自動運転は「百度」。
(4) 音声認識は「アイフライテック」（科大訊飛　iFLYTEK）。

御三家と「科大訊飛」が選ばれたのである。

Alibaba Group
阿里巴巴集团

アリババ・グループ

習とジャック・マーの因縁

この発表直後、中国最大の通信アプリ「微信（ウィチャット）」を運営する「テンセント」の株式時価総額は、中国企業として初めて５０００億ドル（当時、約55兆円）を突破。一時は米Facebookを上回り米Amazonに迫った。ニューヨーク市場のアリババの株価

ジャック・マー
（2018年1月24日、世界経済フォーラム
(CC BY 2.0)）

も、年初と比べ2倍以上になった。

「アリババ」については、習近平との浅からぬ関係が指摘されている。２００２年から浙江省党書記を務めた習は、「民間の起業」に目を向け、浙江省杭州で成功したアリババのジャック・マー（馬雲）と関係を深めた。馬はトランプ政権誕生前にトランプと接触した最初の中国企業家だった。

彼は香港の英字紙「サウスチャイナ・モーニングポスト」を買収するなど、メディアを通じ党・政府寄りの発信力を強めている。政府と民間のもたれあいの一例でもある。中国ＡＩ企業の強みは、党・政府による全面的なバックアップにある。トランプ政権が問題視する中国の国家主導下の経済発展戦略でもある。

「ポスト冷戦後」の終焉

中国がＡＩを駆使した国家統治モデルを摸索する背景について呉軍華・日本総合研究所理事は「国家モデルをめぐる米中競争の時代」（『外交』46号、２０１７年11・12月）で「米国の一極体制、普遍的価値としての民主主義への信任、グローバリゼーションという三つの柱で支えられてきた『ポスト冷戦時代』の終焉」を挙げる。第二次世界大戦後に構築され、ポスト冷戦時代に集大成した国際政治秩序が大きな岐路に立っているとみるのである。それはコロナ禍でさらに加速されたが——。

呉は「欧米が主導してきた経済、政治、社会体制の『失敗』、あるいは魅力の減退が、いまの中国を生みだした大きな要因になっている」と表現した。そして中国を「普遍的価値」とされる西側民主主義の世界に引き込もうというなら「民主主義の魅力を今一度示すことから始めるべき」と主張する。

中国のAI戦略にトランプは警戒心を隠さない。「国家安全保障戦略」は「(米国は) 競争上の優位を維持するため、成長と安保に極めて重要な技術に高い優先順位を置く」と強調した。AIを戦略的技術と見做して、中国へのライバル意識をむき出しにしたのである。同戦略は、中国企業が知的所有権を盗み、サイバー攻撃を通じて「米国の革新的技術を不当に利用している」と非難した。

軍民融合

AI技術は汎用性が高い。軍事転用が実現すれば、米中競合の新たな磁場になる。領土問題や兵器だけから安全保障を論じる時代は終わるかもしれない。戦争の形態を変えるからである。

特に中国の場合、AIの軍事転用は軍民融合という軍と民間の高度な結合で進められる。軍民融合は「中央軍民融合発展委員会」を通じた国家戦略であり、これこそトランプ政権が警戒する国家主導のＡＩ戦略である。

中国ＩＴ技術に詳しい米コンサルタントのエルサ・カニアは、中国問題のデジタル誌『チャイナ・ブリーフ』[3]で、米中ハイテク覇権について「当面は世界から一流の人材を引き付ける米国の能力は揺るがない」とする一方、「戦略的競争が一段と激しくなる中、米国は技術競争の複雑さを認識し、技術革新を維持できるよう政策の優先順位をつけるべきだ」と書く。

要は、市場万能主義ではなく国家主導のＡＩ戦略の必要性を強調するのである。「市場万能から国家の復権へ」コロナ後に加速する統治の変化を先取りした議論である。経済相互依存が進むことによって、それが「安全保障上の競合」へと転化する局面が、ＡＩの世界から垣間みえる。

最先端を行く量子技術

中国が既に米国を超えたハイテク部門もある。量子技術だ。

中国の研究チームは２０１６年、ハッキングや盗聴を不可能にする「量子暗号通信」を飛躍的に向上させた衛星実験に成功、米科学誌『サイエンス』（17年6月16日付）にその概要を発表した。

軍事超大国の米国は、世界中の通信を傍受しあらゆる暗号通信を解読している。しかし中国が量子通信システムを完成させれば、通信という最先端〝兵器〟面でも、米国の軍事的優位が揺らぐ可能性が出てきた。

実験に成功したのは中国の物理学者、潘建偉氏をトップとするチーム。『サイエンス』などによると、中国科学院国家宇宙科学センターは２０１６年８月16日、世界初の量子科学実験衛星「墨子号」を、「長征２号」（ＣＺ－２Ｄ）で打ち上げた。

「墨子号」は４か月にわたる軌道上実験の後、17年１月18日「光子のペアを量子もつれの状態で地上に放出」。約１２００キロ離れた青海省と雲南省の２か所で「それぞれ光子を受信することに成功した」としている。

量子科学実験衛星「墨子号」
（『サイエンス』2017 年 6 月 16 日号）

こう書く筆者にも、よく意味は分からない。

科学専門記者に聞くと、量子暗号通信では「量子もつれ」と呼ばれる、特殊な関係の光子のペアを使う。送信者はこの光子を使って情報を暗号化、受け手は光子を基に暗号を解読する仕組み。もし第三者が、解読や盗聴しようとすると光子の性質が変わる。それを検知して通信をやり直せば、ハッキングを阻止できるという。

量子暗号通信は、光ケーブルを通じた商業利用が既に始まっている。しかし情報損失やノイズなどの問題があるとされてきた。人工衛星を利用すれば、理論的には数千キロ離れた地点に光子のペアを放出できる。これまで、100キロ離れた地点での実験には成功したが、1200キロも離れた地点での成功は実用化への飛躍的前進になると言われる。

軍事に利用、有利に戦局展開

中国がさらに長距離の通信に成功すれば、機密情報を日常的にやり取りする在外公館をはじめ、島嶼部にある軍事施設、遠洋を航海する艦艇など、遠隔地での利用が可能になる。東シナ海の海底油田の掘削プラットフォーム、南シナ海の人工島の軍事施設にも使えるだろう。まして有事となれば、敵に解読されない通信が可能になるから、戦局を有利に展開できるのは間違いない。

米紙は「もし中国が量子通信ネットの確立に成功すれば、米国のコンピューター・ネットワークにおける優位性が減衰する」(「ウォール・ストリート・ジャーナル」2017年6月15日)と、深刻な懸念を伝えている。システム完成までにはさらに10年程度かかるとみられているが、完成すれば米国の通信傍受は難しくなる。ただ、米国も自身の量子通信ネット開発を進める一方、量子暗号を解く技術開発を急ぐだろう。科学技術が軍事転用され「攻防」の対象になれば「いたちごっこ」が始まる。

北京が、量子通信技術による盗聴防止の開発を急いだのは、米中央情報局（ＣＩＡ）元職員のエドワード・スノーデンが２０１３年、中国のインターネット通信の内容を米情報機関が常時監視していたことを暴露したことが一つの契機とされる。しかしそれは表層的な見方だ。

米誌『フォーブス』によると、潘建偉チームは１９９７年に量子通信技術を実用化。２０１０年に16キロ離れた地点での実験に成功。さらに12年には１００キロを超える実験にも成功している。今回の実験成功は着実な実験の積み重ねから、中国をこの分野でもトップに押し上げたことを示している。

無力化される「イージス・アショア」

中国の先端技術の向上は目覚ましい。

ミサイル技術では１９７０年４月、日本より２か月遅れで初の人工衛星「東方紅１号」の打ち上げに成功した。それから33年後の２００３年には衛星破壊実験に初成功。07年１月に米衛星を破壊する実験を行い、「われわれの目を覚まさせる警告」（米国務省）と驚かせた。米国による「宇宙独占」への挑戦であり、日米が進めるミサイル防衛（ＭＤ）の「無力化」が狙いである。

「ＭＤの無力化」について付け加えれば、２０１９年10月１日の中国建国記念日の軍事パレードに最初に登場した中距離ミサイル「東風17」（ＤＦ‐17）も挙げなければならない。「極超音速滑空ミサイル」と呼ばれ、日本が配備を断念した陸上発射型迎撃ミサイル「イージス・アショア」を無力化する可能性があるミサイルである。

「極超音速滑空」とは聞きなれない名称だ。速度は「マッハ5～10」。ブースター部分が小さく射程は2500キロ。通常のミサイルは弾道軌道を飛行するが、これは「極超音速で空を滑るように飛行」する。

米国が1980年代から進めてきたミサイル防衛（MD）は、衛星を使って敵が発射したミサイルの放物線を描く弾道軌道を予測し、地上や海上のイージス艦から迎撃するシステム。しかし、極超音速ミサイルが滑空すれば、コースは予測できず迎撃はできない。「イージス・アショア」の無力化とは、そういう意味である。

ロシアも極超音速ミサイルに成功

「極超音速滑空ミサイル」は米国とロシアも開発を急ぎ実験を重ねている。ロシア国防省は2020年10月7日、音速の8倍以上の速さで飛行する極超音速ミサイルの発射実験に成功したと発表した。ロシア国防省は、海上発射型の極超音速ミサイル「ツィルコン」を、ロシア北西部の洋上から450キロ離れたバレンツ海の標的に向けて発射する映像を公開した。

ロシアは当初、2019年から実戦配備する予定だったが、開発が遅れていた。中国の「東風17」は本来、米空母を攻撃するため開発されたが、在日米軍も射程内に収める。軍事パレード初登場は、中国が既に量産体制に入って実戦配備していることを示している。

ミサイル技術や宇宙空間での激しい競争に続き、通信システムで中国の優位性が確立されれば、圧倒的軍事優位を保ってきた米国の地位が揺らぐ。トランプ登場によって鮮明になった「米一極支配」の終わりを印象付けている。

(四)「チャイナ狩り」広がる米国

相次ぐ孔子学院の閉鎖

貿易戦とハイテク覇権争いの進行とともに、米国社会では中国を標的にした「チャイナ狩り」とも言うべき動きが広がっている。新たな標的となったのが、中国語教育の海外拠点「孔子学院(Confucius Institute)」だ。国防総省や米連邦捜査局(FBI)は2017年ごろから「中国スパイ活動の温床」として、パージ(排除)を開始、ポンペオ国務長官は20年10月、全米で70か所以上ある同学院の年内の閉鎖を命令した。貿易戦争に「ファーウェイ」排除……。まるで米ソ冷戦時代の「赤(共産主義者)狩り」のマッカーシズム再来を思わせる。病的にもみえる「チャイナ狩り」は、「敵」なくして生きられない米国の国家・社会のメンタリティを浮き彫りにする。

孔子学院は、海外での中国語・文化教育を目的に、中国政府の肝いりでスタート。中国の有力な「ソフトパワー」とされてきた。海外では２００４年の韓国を皮切りに、２０１９年末までに世界１５４国家・地域に、約５５０か所に設けられている。日本でも２００５年の立命館大学をはじめ、15大学が孔子学院を開いている。

　国別でトップの米国では、１００以上の大学がキャンパス内に設立、中国語需要の高まりを裏付けた。ただここ数年、同学院は「中国政府の意向が働き、学問の自由が保障されていない」などの批判が米議会やメディアでくすぶっていた。

孔子学院ロゴ (CC BY-SA 4.0)

スパイ活動に利用とＦＢＩ

　そんな「疑惑」に追い打ちをかけたのが、米連邦捜査局（ＦＢＩ）のレイ長官による18年２月の議会証言。孔子学院の一部が親中派の育成やスパイ活動に利用されている疑いがあるとして「捜査対象になった」と発言。それ以来、パージの動きが次々に表面化してきた。

　ＦＢＩ長官証言を受け、ルビオ上院議員（共和党）ら対中強硬派３議員は18年３月、「孔子学院」を「外国代理人登録法」によって登録を義務付け、監視強化を求める法案を提出した。

米司法省は18年９月、中国国営新華社通信と中国環球電視網（ＣＧＴＮ）に対し、同法への登録を義務付けると通知した。

「外国代理人登録法」とは何か。同法は、1938年ナチス・ドイツの利益を代表するロビイスト活動を封じ込めるために制定された。かつてはナチスを、今回は中国が標的になったと聞けば、今の米国社会で、中国に対する警戒感がいかに高いか想像できるだろう。中国メディア以外では、大統領選への介入疑惑に関連してロシア複数メディアにも同法に基づく登録が義務付けられている。

資金供与停止で15学院閉鎖

特に政府主導の排除を鮮明にしたのが、2019年会計年度の国防権限法（18年8月成立）。国防総省に対し、孔子学院を設立する大学への「資金支援の停止」を求める条項を盛り込んだのである。同法には、移動通信システム技術「5G」の構築から「ファーウェイ」を排除するよう求める条項もあり、米中「デジタル冷戦」を主導する法的ベースにもなっている。

米週刊誌『ニューズウィーク』電子版（18年4月30日付）は「国防総省が、孔子学院設置の米大学への語学資金支援を停止へ」と題した記事で、この同年4月までの1年半でインディアナ大学、ミネソタ大学など少なくとも15大学が孔子学院を閉鎖したと伝えた。

15大学のひとつ、オレゴン大学の閉鎖決定の声明によると、16、17教育年度に国防総省から計380万ドル（当時、約4億円）の中国語教育支援資金を提供されたが、新たに申請した交換留学生資金を含む「340万ドルの支援申請が全て拒否されたため」と説明している。

同誌は、国防総省報道官のコメントとして「資金提供は国益にならないと判断した」「（孔子学院を設立している大学は）今後、語学支援資金を米国政府から受け取るか、それとも中国から受け取るかの判断を迫られる」と書いた。

留学生、研究者も摘発の対象

米政府の監視対象は孔子学院にとどまらない。中国留学生や研究者も「チャイナ狩り」の対象だ。米国に留学する外国人学生の3人に1人は中国人。米国務省は18年6月、航空学やロボット工学、先端的な製造業分野を専攻する中国人大学院生の査証（ビザ）の有効期限を5年から1年に短縮すると決定した。「国家安全保障にかかわる分野におけるスパイ行為のリスクを抑え、知的財産権の侵害を防ぐことが目的」と、国務省はその理由を説明した。

さらにロイター通信（18年11月30日）によると、FBIは、中国人大学院生の電話の通話記録をチェックし、中国と米国のソーシャルメディアのアカウントを調査することを検討している。既に電話盗聴やPCへのハッキングを行っているとみられる。トランプ政権は20年12月3日、中国共産党員とその家族が米国に入国するビザの有効期間を、従来の最大10年から1か月に短縮する措置を発表した。

「千人計画」も摘発の対象に

ほかにもある。大学研究者や高レベル技術者を高待遇でリクルートする中国の「千人計画」も、中国スパイ摘発の対象である。千人計画の正式名称は「海外ハイレベル人材招致計画」。中国共産党組織部が２００８年に策定した計画対象者には、１００万元（当時、約１７００万円）の一時金が与えられるなど、高給で優遇する。

中国で毎年6か月以上研究活動することが条件だが、出身国での兼職も認められるなど好条件が魅力。同計画の公式サイト「千人計画」によると、２０１４年までに４１８０人を招聘。この10年でその数は７０００人以上に上ったという報道もある。

米国防総省は18年9月、下院軍事委員会の公聴会で「千人計画の目的は米国の知的財産を獲得することにある」と名指しで警告。「米中経済安全保障調査委員会」も18年11月、中国による知的財産権侵害に関する年次報告書で「米国の研究者や企業の知的財産権が十分に守られているかどうか調査せよ」と、関係機関に求めた。

日本文科省によると、２０１６年の中国の研究開発費は日本円で45兆円余りと、10年で3倍以上に増えた。２００８年には日本を超え、今や日本（18・4兆円）の2倍以上。1位の米国（51・1兆円）を追い上げる。

研究開発費が頭打ち状態で、自分の研究費では研究機器も入手できない日本の大学教員や研究者にとって、潤沢な資金を提供してくれる計画は魅力だ。少子高齢化が進み、中堅私立大学では教員数の削減が一層進む。博士号（ドクター）を持っていても、大学非常勤講師の口すらなかなか見つからない時代。日本の研究者にとっても、中国での就職は新たなチャンスになる。

健全な米メディア・識者も

「はじめに」でも書いたように、南北戦争や公民権運動など社会の分断が常に存在し、一つに統合したことのない米国では、「外敵に直面していると気づいたときには団結する」。「ニューヨーク・タイムズ」のデイビッド・ブルックス氏は、今の「外敵」が中国だと分析するのである（「ニューヨーク・タイムズ」電子版19年2月15日）。

中国が成長すれば、やがて「民主化」「自由化」するとみてきた「幻想」が裏切られた反動もあるだろう。ワシントンDCでは、中国製の地下鉄車両を導入すれば、「監視装置が埋め込まれスパイされかねない」という「バカ話」が新聞の大見出しになるほどだ。

「チャイナ狩り」一色に染まっているようにみえるアメリカだが、すべて「右へ倣え」ではない。「権力監視」と「自己再生」を政権に促す役割を維持しているメディアと識者は健在だ。

「中国は敵じゃない」と公開書簡

そんな米社会の健全さの例をもう少し紹介したい。米中関係は悪化の一途をたどっているが、健全な識者やメディアが、衝突回避のブレーキになる期待すら抱かせるからである。

Sections
The Washington Post
Democracy Dies in Darkness
Opinions
China is not an enemy
By M. Taylor Fravel, J. Stapleton Roy, Michael D. Swaine, Susan A. Thornton and Ezra Vogel
July 3
Dear President Trump and members of Congress:
We are members of the scholarly, foreign policy, military and business communities, overwhelmingly from the United States, including many who have focused on Asia throughout our professional careers. We are deeply concerned about the growing deterioration in U.S. relations with China, which we believe does not serve American or global interests. Although we are very troubled by Beijing's recent behavior, which requires a strong response, we also believe that many U.S. actions are contributing directly to the downward spiral in relations.

「ワシントン・ポスト」（2019年7月4日）掲載
「中国は敵じゃない」のスクリーンショット

米国の元政府当局者や著名な研究者ら100人が、トランプ大統領と議会あてに「中国は敵じゃない」と題する公開書簡を「ワシントン・ポスト」[4]（2019年7月4日付）に発表した。書簡は、米中関係悪化について「深刻に憂慮する。それは米国の利益でもグローバルな利益にもならない。関係悪化のスパイラルに歯止めをかける行動をとるべき」と、7項目の提言をした。米国で広がる「中国敵視」感情に警鐘を鳴らす一方、トランプと「新冷戦派」との亀裂にくさびを打とうとする意図も見え隠れする。

ジョセフ・ナイにイアン・ブレマー

署名した100人はジョセフ・ナイ元国防次官補をはじめ、スーザン・ソーントン元米国務次官補代行（東アジア・太平洋担当）にステープルトン・ロイ元駐中国米国大使、カーラ・ヒルズ元米通商代表ら米政府元当局者。さらに、中国への厳しい見方で知られる政治学者のイアン・ブレマー・ユーラシアグループ代表も署名、政治的に幅広い立場の識者が名を連ねた。

提言内容をみる。少し長いが、トランプ政権による中国攻撃の問題点を浮き彫りにするとともに、米国社会における多様な対中観を理解する上で有益だと思う。

書簡は第1項で、中国の国内抑圧や強硬な外交姿勢を批判、「米国も強固で効果的な対応すべきだが、現在の対中政策は根本的に逆効果」とみる。なぜ「逆効果」なのか。第2項で「中国は一枚岩ではない」とし「多くの中国当局者とエリートは、西側との穏健で協力的な対応は中国の利益と理解している」とみる。ところが米政府の強硬な対中姿勢は、逆に「(中国の)強引なナショナリストを喜ばせている」と分析する。

第3項は、敵視政策が、揺らぐ米国と同盟国との関係を損なう恐れを指摘する。ファーウェイ排除に対しては、英国やドイツなど同盟国がすぐには同調せず、米国と距離を置いていることへの懸念でもある。

提言は「中国敵視とデカップリング(切り離し)政策は、米国の国際的役割と声望のみならず、各国の経済的利益をも損なう」と書く。グローバルな部品調達網(サプライチェーン)が破壊され、ひいては世界経済を傷つけかねないからである。

さらに米国がいくら反対しても、「中国の経済的拡大と国際政治における役割増大を阻止できない。中国を敵視するよう同盟国に圧力をかければ、同盟国との関係を弱め自ら孤立する」

とみる。

世界システム崩壊への危機感

中国が米国に代わり世界のリーダーになろうとしているとの「脅威論」にも言及する。そうした見方は「誇張しすぎ」であり「中国自身もそんな目標が可能と考えているかははっきりしない」とし、必要な政策は「中国も参加できるような、豊かで開かれた世界を同盟国やパートナーと創造すること」（第4項）と、提言している。

中国の軍事大国化も取り上げ、中国との軍拡競争を戒める（第5項）。中国は今世紀半ばまでに、世界一流の軍事大国になる目標を立てているが、「地球規模で支配的な軍事大国になるには大きなハードルに直面する」とみる。

米国は、西太平洋で中国に長期的な軍事プレゼンスを浸食されているとする一方、「これに対処する最善の方法は、攻撃的で相手の深部を叩くための兵器競争ではない。賢明な方法は、同盟国と共に抑止力を維持し専守防衛的な方法によって、米国と同盟国への攻撃を躊躇させること。同時に北京と共に危機管理努力を強化することにある」（第5項）と提言した。

第6項は「北京は世界秩序における西側の規範を弱めようとしている。だが、中国自身が数十年にわたって利益を得てきた経済的枠組みを転覆させようとしているわけではない」とし、中国へのゼロサム的対応は、「北京を現行秩序からの離脱と地球分断を勢いづかせるだけ。西側に大きな打撃を与える」と指摘した。最後の第7項は、米国自身の競争力の回復を訴えているが、全体として米中対立激化と対中敵視政策が、現在の世界システムを崩壊させかねないとの危機感を滲ませている。

「価値観とイデオロギーの戦い」

公開書簡が発表されると、中国外交部報道官は7月4日、「中国は書簡の中の、理性的で客観的な見方を肯定する。中米は敵同士ではなく協力こそ唯一の正しい選択。われわれは中米関係に信頼感を抱いている」と、極めて好意的な反応を示した。

米国社会は一見すると、「中国敵視」と「チャイナ狩り」一色のように見えるが、決してそうではない。「米国か中国か」の二択論が広がる中でも、識者がきちんと発言するところに、米社会の健全さがある。日本の識者、メディアも見習わねばならない。

トランプ自身の外交の特徴は、大統領再選に有利な「取引」を最優先する。一方、「新冷戦派」は教条主義的である。彼らは対中貿易戦でも「中国の発展モデル」を争点化し、価値観をめぐる争いとみなす。中国を安全保障上の「敵」とみなす限り、対立は解けないだろう。

「新冷戦派」の観点がどんなものか例を挙げる。米国務省のキロン・スキナー政策企画局長は19年4月29日、ワシントンDCで開かれたフォーラムで、中国との対立を「全く異なる文明、異なるイデオロギーとの戦いであり、アメリカが過去に経験したことのない戦い」「非白人国家と競う初めての経験」と位置付けた。これに対し中国などアジアのメディアはもちろん、欧米メディアも一斉に批判・反発が巻き起こった。

パトリック・シャナハン前米国防長官代行が19年6月1日、発表した「インド太平洋戦略報告」もそうだ。報告は、アジアでの争点を「自由な世界秩序を求める」理念と「抑圧的な世界秩序を求める」理念との「地政学的競合」と位置付けた。これもまた「新冷戦派」に特徴的な観点で、「価値観とイデオロギーの戦い」という定義である。こうした観点は20年7月のポンペオ国務長官による対中国政策演説で全面展開される。

「ブルームバーグ」も社説で批判

米識者だけではない。ファーウェイ排除に初めは戸惑っていた欧米メディアも、トランプ政権内の「冷戦思考」を批判する論調を掲載し始めた。

「ブルームバーグ」通信は19年5月22日、ファーウェイ排除について「単なるお粗末な計算ミス」と題した社説を発表、「ファーウェイを破綻にまで追いやろうとするのは行き過ぎであり、極めて愚か」と書いた。

社説はその理由について次の3点を挙げる。

(1) 全世界の企業が契約を失って混乱に陥り、大幅なコスト増を強いられる。

(2) ファーウェイ排除を求める米国の圧力に抵抗する同盟国に困惑をもたらした。

（3）　中国は対応策を加速させ、国内で先端技術を生産できるようになる。

社説は最後に、必要なのは「中国との共存を探る大きな計画」とし、規律を乱すような行為を抑制できる新ルール作りが必要と説き、「ファーウェイつぶしは戦略的な計算ミスのようにしか見えない。それは破滅的な結果をもたらす恐れがある」と結論づけている。米識者の公開書簡との共通点は多い。

「100年戦争」の愚

極めつけは、「フィナンシャル・タイムズ」のコメンテーター、マーチン・ウルフ氏の「米『対中100年戦争』の愚」[5]（「日経」6月7日付）。同氏は世界銀行を経て1987年にFT入りしたエコノミスト。その論評は各国の財務相や中央銀行総裁も注目すると言われる。

ウルフは、トランプ政権の対中政策の狙いについて「米覇権の維持だ。その手段は、中国を支配するか、中国との関係をすべて断つかだ」とし、先のスキナー国務省政策企画局長の発言を批判しながら、米中対立をイデオロギーや覇権争いとみなせば、「米中摩擦の着地点は見えない」と疑問視している。

その主張を要約する。

（1）　知的財産の盗用が、米国に〝多大な〟損害をもたらしているとの見解は疑問

（2）　トランプ政権の貿易政策上の行為のほぼすべてが世界貿易機関（WTO）ルール違反。

中国を不正と非難するのは欺瞞。
(3) 中国のイデオロギーはソ連のイデオロギーと違い、自由民主主義の脅威になるようなものではない。右翼のデマゴーグの方がはるかに危険。
(4) 中国の経済的、技術的な台頭を抑えようとしても確実に失敗する。

ウルフは「現在起きていることの悲劇は（中略）トランプ政権が同盟諸国を攻撃し、米国が主導して築いてきた戦後体制を破壊していることだ。中国への攻撃は、正当化もできなければ、やり方も間違っている」と結んだ。

どうだろう。ほとんど「人民日報」のような論調ではないか。欧米資本主義を代表する経済紙のコラムニストが、ここまで対米批判を鮮明にするのは珍しい。それだけトランプ政権が仕掛けた「対中戦争」が常軌を逸していることが分かる。

「ブルームバーグ」も「フィナンシャル・タイムズ」も、決して中国にシンパシーを持っているわけではない。ファーウェイ排除がグローバルな部品供給網を破断し、同盟国間に軋みを生んでいること、対中制裁がＷＴＯの紛争解決システムの破壊につながり、引いては資本主義システム自体を傷つけていることに警鐘を鳴らしているのである。

注

1 「新華社」日本語版　２０１９年５月12日「劉鶴氏、ハイレベル協議終了後に中国側の立場を表明」
http://jp.xinhuanet.com/2019-05/12/c_138051847.htm

2 「ロイター」２０１９年５月８日「米中貿易交渉、中国が合意文書案に大幅な修正＝関係筋」
https://jp.reuters.com/article/usa-trade-china-backtracking-idJPKCN1SE15O

3 「チャイナ・ブリーフ」２０１７年12月22日「技術的もつれあい？　米中関係における人工知能（Technological Entanglement? – Artificial Intelligence in the U.S.-China Relationship）」
https://jamestown.org/program/technological-entanglement-artificial-intelligence-u-s-china-relationship/

4 「ワシントン・ポスト」２０１９年７月３日「中国は敵じゃない（China is not an enemy）」
https://www.washingtonpost.com/opinions/making-china-a-us-enemy-is-counterproductive/2019/07/02/647d49d0-9bfa-11e9-b27f-ed2942f73d70_story.html?noredirect=on&utm_term=.6b9fcf72b20c

5 「フィナンシャル・タイムズ」（「日経」による翻訳版、２０１９年６月７日）「マーチン・ウルフ　米『対中１００年戦争』の愚」
https://r.nikkei.com/article/DGXMZO45771590W9A600C1TCR000

第三章　香港問題——中国統治への啓示

香港政府は2019年2月、中国本土、マカオ、台湾への犯罪者引き渡しを可能にする「逃亡犯条例改正案」を立法会（議会）に提出すると発表、これが長期にわたる大規模抗議活動の端緒になった。法案に反対する理由は、香港市民が中国本土に引き渡され、直接中国当局の取り締まりの対象になるのを恐れたためである。民主派グループを中心に3月末から毎週土曜、日曜に反対デモを展開、6月9日には、主催者の「民間人権陣線」発表で100万人の大規模デモが行われ、香港問題は国際的に注目されるようになった。

民主化要求から反体制化へ

6月からはデモの要求として「条例改正案の完全撤回」「普通選挙の実現」「行政長官の辞任」など「5大要求」が掲げられ、6月16日には200万人デモに膨れ上がった。条例改正案は撤回（9月4日）されたが、7月1日の香港返還22周年には一部が暴徒化して立法会議場に突入。参加者の一部は「香港独立」「時代革命」などのスローガンを掲げ、反体制運動の色彩

香港でのデモ行進（2019年10月1日）（撮影：Studio Incendo (CC BY 2.0)）

を強めた。10月1日の中国建国70周年の記念日には、警察官がデモに参加していた高校生に実弾を発砲し重傷を負わせ、警察による過剰警備が問題化した。11月半ばには中文大学、科学技術大学に学生や若者が立てこもり、警察と睨み合った。２０２０年4月半ばまでに一連のデモで８０００人以上が逮捕された。

　米中対立激化の中、トランプ政権と議会で中国非難とデモ支援の声が高まり、米国では、香港の高度な自治を保障した「一国二制度」が守られているかの検証を米政府に義務付ける「香港人権・民主主義法」が11月に成立。米中代理戦争の様相を呈した。北京は「外部勢力が介入した香港版カラー革命」と非難した。

国家安全維持法を制定

２０２０年に入ると新型コロナの影響もあり、大規模デモは抑え込まれた。中国の全国人民代表大会（国会）は5月28日、「香港独立」や「政権転覆」、「外部勢力の介入」を禁じる「国家安全維持法」制定の方針を採択、6月30日に成立した。香港政府を飛び越えた中央政府による強硬姿勢に、欧米諸国は「一国二制度」を踏みにじる行動と強く反発。トランプ米政権は、「米国―香港政策法」（１９９２年）で、米国が香港に認めている優遇措置を見直す手続きに入り、8月7日、国家安全維持法に関与した人物として、林鄭月娥（キャリー・ラム）行政長官ら11人を「米国内資産凍結、米国人との取引禁止」の制裁対象に指定すると発表。日本政府は米、英、カナダ、オーストラリア4か国による中国非難の共同声明には加わらず、外務次官による駐日中国大使への「深い憂慮表明」（5月28日）にとどめた。

香港問題は、「米中代理戦争」の要素をはじめ、中国の一党独裁の正当性をはじめ、「一国二制度」、民主、経済と政治の関係、台湾問題への波及など、様々な論点を提起した。日本では高まる「中国脅威論」と「反中感情」の「火」に油を注ぐ役割を果たしたが、多くは反中文脈の中で消費され、日本自身の問題として内在化できなかった限界も示した。

抗議活動の経緯

2019年	
2月	香港政府が中国、マカオ、台湾への犯罪者引き渡しを可能にする「逃亡犯条例改正案」を立法会（議会）に提出すると発表
4月3日	立法会が条例改正案の審議開始
6月9日	条例改正案反対デモに103万人参加（15日　審議延期）
6月末	デモ側が「条例改正案の完全撤回」「普通選挙の実現」「行政長官の辞任」など「5大要求」掲げる
7月1日	返還22周年で大規模デモ、一部が立法会突入。デモの一部は「香港独立」「時代革命」のスローガン
7月9日	行政長官が「改正案は死んだ」と発言
8月12日	空港に数千人座り込み、600便欠航、空港機能停止
9月4日	行政長官が条例改正案の正式撤回表明（勇武派が道路封鎖、火炎瓶など戦術激化）
10月1日	中国建国70周年。警察官が高校生に実弾発砲、重傷
10月4日	中国国務院発言人が「香港版カラー革命」と断定
10月5日	香港政府が「緊急状況規則条例」に基づき覆面禁止法
10月28～31日	中国共産党が「4中総会」開催、習近平重要演説
11月中旬	若者と学生が中文大、科技大を占拠、警察と衝突
11月24日	区議会選挙で民主派が452議席の8割超を獲得
11月27日	トランプが「香港人権・民主主義法」に署名、成立
2000年	
元日	100万人デモ、ビクトリア湾花火中止。大規模デモは鎮静化
5月22日	コロナ禍で延期されていた全人代第13期第3回全体会議開会。28日「国家安全法」制定方針を採択
6月28日	全人代常務委員会が「香港独立」「政権転覆」「テロ」「外部勢力の介入」を禁じる「国家安全維持法」（国安法）の制定を採択、30日に施行
7月1日	国安法に抗議1万人が抗議活動し370人逮捕。うち10名に国安法初適用。「香港衆志」が解散
7月31日	立法会選の1年延期発表
8月7日	米政府が国安法に関与したとして、林鄭月娥（キャリー・ラム）行政長官ら11人を「米国内資産凍結、米国人との取引禁止」の制裁対象に指定
8月10日	香港警察は、中国に批判的な香港紙、「蘋果日報」創始者の黎智英（ジミー・ライ）氏と周庭（アグネス・チョウ）氏を、国安法違反（国家分裂扇動罪）の疑いで逮捕、約24時間後に保釈した
12月2日	香港の西九龍裁判所は警察本部包囲デモを扇動した罪に問われた周庭に禁錮10月、黄之鋒に同13月半、林朗彦は禁錮7月の判決を下し、3人は収監された
12月3日	黎智英が、詐欺罪に問われた事件の初公判で、裁判官により保釈を認められず収監された。黎氏は2日に同罪で起訴されていた

（一）国家安全維持法の導入

主権防衛に「レッドライン」引く

香港問題が投げかけた論点にすべて答える能力も紙幅もないが、中国が、なぜ香港政府を飛び越えて国家安全維持法を制定したのかを入口に、中国が直面する統治の問題と「一国二制度」について論じたい。

中国は、コロナ禍で開催を延期していた第13期第3回全体会議を2020年5月22日に開幕、28日に香港の「国家安全法」を制定する方針を賛成2878票、反対1票、棄権6票で採択した。採択に基づき、全人代常務委員会は6月28日、「香港独立」や「政権転覆」、「テロ」「外部勢力の介入」の4類型を禁じる「国家安全維持法」（国安法）の制定を採択し、30日に施行された。

貿易戦争、ハイテク覇権、台湾、香港、新型コロナウイルスなど、トランプ政権による「対中新冷戦」イニシアチブで守勢に立たされてきた中国が、主権という「最後の砦」に、妥協を許さない「レッドライン」を引いたと言える。

同法は、中国全人代が2005年3月に採択・成立させた台湾独立に反対する「反国家分裂法」の香港版でもある。香港民主派は「一国二制度」の破壊として反発したが、①米国で反差別抗議デモが拡大、大統領再選を優先させるトランプにとり香港どころではなくなった、②香港経済の先行きを懸念する「安定バネ」が働き始めた――ことなどから、大規模抗議活動は終息した。

米政府は香港優遇措置見直し

国安法制定の動きを受けてトランプ政権は5月29日、対抗措置として香港に認めている優遇措置の廃止に向けた手続きに入ると発表した。トランプ政権は香港抗議活動が頂点を迎えた2019年11月、「香港人権・民主主義法」を成立させた。香港の人権・民主状況が悪化した場合、関税・査証（ビザ）の付与で、香港を優遇する「香港政策法」（1992年）の見直しを盛り込んだ法律である。

米国が香港優遇政策を採用してきたのは、香港を中継地に対中ビジネスを展開する利便性にあった。米国の香港投資は2018年に約825億ドル（当時、約8兆9000億円）に上っている。香港には約1400の米企業が進出、香港居住の米国人は8万人と約2万人の日本をはるかに上回る。香港優遇措置を見直せば、米国企業も不利益を被る。だから優遇措置見直しは「両刃の剣」と言える。

「米中新冷戦」のカードに

通信機器大手、ファーウェイ排除や、中国主要33社との取引停止の動きをみれば、トランプ政権が世界経済を「デカップリング」（引き離し）し、経済ブロック化を厭わない姿勢は明らかである。香港問題も「米中新冷戦」イニシアチブの中国叩きのカードになった。

これに対する中国側の反応をみる。王毅外相は全人代開催中の5月24日の記者会見で、「中国を中傷する政治ウイルスが広がっている」と暗に米国を非難、「両国を新冷戦に向かわせるやり方は危険だ」と述べた。その一方、「中米間には多くの相違があるが協力の余地はある」と関係改善への期待を表明し、「新型コロナは中米共通の敵。米国へマスクだけでも120億枚以上輸出した」と、関係改善に向けた努力を米側に呼び掛けた。

これを国際世論に向けたパフォーマンスとみてはならない。新冷戦はなんとしても回避したいのが中国の本音である。なぜなら米国は、国際基軸通貨のドルによって「グローバル金融システム」を支配し、中国もそのシステムの中で発展してきたからだ。中国の金融機関がシステムから排除されれば、中国経済は成り立たない。

米中両国は2020年1月、貿易交渉で第1段階合意を達成した。しかし経済・貿易では譲歩できても、香港という中国の主権にかかわる内政に手出しされれば、「核心利益」を失う。米中戦略対立の図式の中で国安法の意味を考えれば、防衛的対応であることが分かる。

業を煮やした中央政府

「国家安全法」に話を戻そう。

香港の主権が中国に返還された1997年施行の「香港基本法」（小憲法）は、行政、立法、司法の三権を香港政府に委ねる「高度な自治」を保障している。中国語では「港人治港」と呼ばれる。鄧小平が台湾と香港への主権回復のために編み出した「一国二制度」という国際法の常識を超越した法的枠組みだ。

その23条は「独自の立法によって、あらゆる売国、国家分裂、反乱扇動、中央人民政府転覆および国家機密窃取行為を禁止し、行政区の政治的組織や団体が、外国政治組織と団体と連携するのを禁止する」と規定している。香港独立や反乱扇動、国家転覆活動を禁止する一方、政治団体が外国と連携することも禁止する国家安全上の条文である。

しかし「独自の立法」はなく、罰則もないため香港政府は2003年、当時の董建華行政長官が「国家安全条例」を導入しようとしたが、50万人規模の反対デモに遭い条例化は頓挫した。

中国全人代の王晨副委員長は2020年5月22日、国安法の背景説明をし「（23条を実効性のあるものにする）独自の立法」がないため、「反中央・香港かく乱勢力が『香港独立』『自決』『住民投票』などの主張を公然と鼓吹し、国家の統一破壊と国家分裂の活動を進めた」と、大規模デモを批判した。法に基づくデモはもちろん許されるが、「香港独立」や「革命」をスローガンに、道路封鎖や交通妨害などの破壊活動は、23条の精神に違反する行動ということになる。国家安全の維持に必要な法・条例がないため、中央政府が香港政府を飛び越えて直接、法制定に乗り出した背景説明である。「業を煮やした」と言っていい。

中央政府に制定権限はあるか

そこで問題になるのは、基本法23条は「香港特別行政区は（中略）禁止する法律を自ら制定しなければならない」と規定しているのに、中央政府が香港政府を飛び越えて直接法律を制定するのは、「高度な自治」に反していないかである。香港の弁護士団体は6月25日「香港自らが立法する」と基本法に規定されており、全人代常務委に権利はないと批判する声明を発表した。

また民主派リーダーの一人、周庭（アグネス・チョウ）氏は同法を「完全な『一国二制度』の破壊、無視。中国政府が香港について気に入らないことがあれば、また同じ手段で中国から直接、香港の法律を作ることが出来ます」[1]と、「一国二制度」破壊につながると批判した。

これに対し王晨は、①中国憲法と基本法に基づき全人代常務委に関連法律を制定する権限を付与されている、②制定された法律を、基本法付属文書に列挙して香港政府が交付・実施――という法手続きを踏むため、法律制定は合法的と説明した。

「一国二制度」にかかわる重要なポイントであり、もう少し詳しくみよう。香港基本法18条には「付属文書3」と呼ぶ例外規定がある。中国全土の法律を香港に適用できる「例外リスト」と言っていい。18条は「附属文書3の法律は、国防、外交と関係のある法律および本法で香港特別行政区の自治の範囲に属さない（筆者注　例えば主権）と規定されたその他の法律に限定される」と書く。もともと首都や国慶節、国章、領海などを定めた10程度の法律を適用していた。「二制度」は「一国」に従属し、国家安全は「主権」「国防」にかかわるから「例外リスト」に入れていいという解釈である。さらに林鄭行政長官は5月26日の記者会見で、「国家安全についての立法は中央の権利だ」と述べ、「高度の自治」に反するとの批判に反論した。

王晨は法律制定の基本原則として次の4点を挙げている。

(1) 国家主権の安全を害し、中央の権力と香港基本法の権威に挑戦し香港を利用して内地への浸透・破壊活動を行うことはすべてレッドラインに触れる。
(2) 「一国」は「二制度」の前提と基礎であり、「二制度」は「一国」に従属。
(3) 法に基づく香港管理を堅持。法律に違反し法治を破壊する行為は法に基づいて追及。
(4) 外部勢力が香港介入し分裂、転覆、浸透、破壊活動を行うのを断固防止。

これが中央政府による法制定の基本的な考えである。中でも重要なポイントは、(2)にある「二制度」は「一国」に従属するという部分であろう。97年に香港の主権は中国返還されたのであり、「香港は中国の一部であり、中国の内政である」という基本認識が強く打ち出された。

最高刑は終身刑

習近平は6月30日、「香港国家安全維持法」に署名、公布し、香港政府は同日施行した。全人代常務委員会が6月18日に審議入りしてから12日という異例のスピード採決ぶりは、北京が米国の介入をこれ以上容認しない強い姿勢の表れでもあった。

公布の翌7月1日は、主催者発表で1万人以上の市民が抗議活動を行い、約370人が違法集会容疑などで逮捕、うち10人は国家安全維持法違反容疑で初めて逮捕された。抗議デモを組織してきた「香港衆志」の黄之鋒(ジョシュア・ウォン)氏や周庭氏ら主要メンバーは、香港衆志からの脱退を表明、組織も解散した。

全66条からなる国安法第1条は「一国二制度、港人治港、高度な自治を正確に実施し、国家の安全を守り、国家分裂や政権転覆、テロ、外国勢力との共謀を防ぎ、香港の繁栄と安定の維持、香港市民の権利と利益そして国家の安全保障のために、香港の法制度とその執行メカニズムを確立して改善する決定を行いこの法律を定める」と、法制定の精神を書いている。主なポイントは次の通りである。

(1) 「国家からの離脱、転覆行為、テロリズム、外国勢力との結託」の4類型を犯罪行為とした。

(2) 違反すれば最低3年、最高で無期懲役。

(3) 香港の法律と矛盾する場合は、国安法を優先。

(4) 裁判は非公開の可能性。
(5) 香港政府は、国家安全維持委員会を新設し、中国政府の監督と問責を受ける。
(6) 海外にいる香港非居住者も対象になる。
(7) 香港警察内に新たに国家安全保障部を設立し、警察に多様な権力を付与。
(8) 行政長官は裁判官を任命できる。国家安全を危険にさらす発言をした裁判官は任命されない。
(9) 行政長官を代表とする新たな国家安全保障委員会を設立。
(10) 香港政府は、学校、メディア、インターネットなどで市民への教育を要求。

外国人適用に強い懸念

日本を含めた西側メディアは、通常は法案審議に少なくとも半年かかるのに、わずか2週間足らずで成立させた異例さ、２０１４年以降中国大陸で「反スパイ法」「国家安全法」を相次いで成立させた習近平指導部が、香港でも法に基づく規制強化に乗り出したこと、しかも外国人にも適用されることなどを問題視する報道をした。

特に波紋を呼んだ38条は「香港に永住権を有していなくても、本法に規定される犯罪を犯した者に適用される」と明記され、香港市民でない人が香港や中国本土以外の国や地域で行った行為が処罰対象にされる規定である。

細かい説明はないが、4類型の犯罪のうち「外国勢力との結託」にかかわる海外在住者が容疑の対象になる可能性が高い。これは一般的には国内法の「域外適用」と呼ばれ、米国が従来から行使してきた。外国人は米国の金融システムを頻繁に利用する。そのため米国の法律に基づき米国以外に住む外国人が訴追されるリスクが常にある。

米国が得意な金融制裁は、外国人を世界のどこにいても制裁の対象にできる。最近では、中国ファーウェイの孟晩舟副社長が2018年12月、米国の対イラン制裁に関連した法律違反容疑で、カナダで拘束されたのはその一例である。日本のメディアは、米国の域外適用を問題にしたことがあるだろうか。

相互主義による「報復」？

英「フィナンシャル・タイムズ」のギデオン・ラックマン氏は「米中が強いる域外適用」というコラム（「日経」電子版、2020年9月30日）で「帝国が他国に不平等条約を押しつけた19世紀の治外法権によく似ている」とコメントする。列強の不平等条約下で「治外法権」に苦しまされた中国だが、大国化すると、自ら「域外適用」を採用するようになったとも受けとれる。

これには少し説明が必要だ。外交には「相互主義の原則」がある。外交や通商などで、相手国の自国に対する待遇と同様の待遇を、相手国に付与する原則のこと。良い意味でも、「報復」など悪い意味でも、この原則が適用される。

米中貿易戦で米国が高関税を中国輸入品に課すたびに、中国側も同様の報復措置をとった。報復しなければ、「米国の措置は正当」と認めることになるからである。米商務省が、安全保障を脅かす外国企業を禁輸対象にするため、好ましくない企業・個人を対象にした「エンティティー・リスト」にファーウェイなど中国企業を入れた。これに対し、中国も「報復措置」として中国版「エンティティー・リスト」を準備中だ。米国の「域外適用」には口を閉ざしても、中国がやれば非難が集中する。米中対立激化の中で、日本を含めた西側世論のバイアスのかかった姿勢がみえる。

威嚇効果が狙い

国安法に対し香港民主派が警戒するのは、第16条の「香港警察は国家安全部門を新設する。また法執行官を配置する。国家安全部門の長は行政長官が任命する」の部分。アグネス・チョウは「中国が気に入らないことがあれば、中国が直接処理する。香港が普通に中国の一部になってしまう。完全に『一国一制度』になる」と、強い懸念を表した。

国家安全維持委員会には、中国政府任命の「顧問」を置く（第15条）とされており、香港警察内に新設される国家安全部門（第16条）と並んで、中国政府の国家安全部の指揮下に置かれると考えていい。

デモ隊に破壊された中国系の事務所（撮影：Studio Incendo (CC BY 2.0)）

国家安全法をテーマにしたテレビ朝日の「ワイドスクランブル」（5月25日）に筆者がコメンテーターとして出演した際、メインキャスターから「これは中国共産党の秘密警察が潜入することを意味するだろうか？」と質問された。筆者は「中国諜報機関はとっくに香港に潜入しているでしょう。むしろ法律に明文化することで、威嚇効果を狙っているのでは」と答えた。

回避したい天安門事件の再来

もう一つの論点は、「勇武派」（武闘派）が破壊活動を展開し、香港警察の手に負えなくなった場合、「阻止、処罰する」主体はどこにあるかである。19年の大規模デモでは香港警察が対応したが、人民解放軍部隊の出動が焦点となった。

安全法第8条は「香港の法執行機関および司法機関は国家安全を危険にさらす行為を防止し、処

「蘋果日報」創始者の
黎智英（ジミー・ライ）

罰する」と規定し、主体は中央政府ではなく、香港政府としている。行政長官の側近で全人代代表の陳智恩（バーナード・チャン）氏は「朝日」のインタビューに「法制度の執行は中国本土の機関ではなく、香港の警察や裁判所が担うことを希望する」と答えている。[2]

金融自由化が十分に進んでいない中国にとって、香港は依然として「代替不可能」な国際金融センターである。中国の発展にとって「一制度」の資本主義は不可欠なのだ。戦車で抗議デモを鎮圧した1989年6月4日の「天安門事件」の二の舞は避けたいのが本音である。

国安法が施行されてから約40日後の8月10日、香港警察は、中国に批判的な香港紙、「蘋果日報」創始者の黎智英（ジミー・ライ）氏と周庭氏を、国安法違反（国家分裂扇動罪）の疑いで逮捕、約24時間後に保釈した。両氏は「外国勢力と結託して国家安全に危害を加えた」疑いをもたれていた。国安法は過去に遡及しない規定があり、両氏の具体的な容疑ははっきりしない。

香港当局は12月11日、黎を国安法違反の罪で起訴した。著名人の同法違反による起訴は初めて。「外国勢力と結託し国家の安全に危害を加えた」などの容疑がかけられている。

「現状維持」に押し込める効果

国家安全法と聞いて頭に浮かんだのは２００５年３月、台湾独立を封じるために成立した「反国家分裂法」だった。民主進歩党の陳水扁政権が２００４年に第２期政権をスタートさせた翌年のことである。陳政権は公的機関から「中国」「中華」などの名称を「台湾」に変更する「正名運動」を推し進め、第１期より独立色を強めていった。「反国家分裂法」第８条は次のように定める。

「分裂勢力がいかなる名目、いかなる方式であれ台湾を中国から切り離す事実をつくり、台湾の中国からの分離をもたらしかねない重大な事変が発生し、または平和統一の可能性が完全に失われたとき、国は非平和的方式その他必要な措置を講じて、国家の主権と領土保全を守ることができる」

「非平和的方式」とは、武力行使も含む対応を意味する。武力行使の条件はかなり曖昧とはいえ、「台湾独立」の三要件を挙げて、「レッドライン」を引いている。当時、世界中のメディアはこれを「武力行使法」と批判したが、規定をよく読めば、現状のままなら武力行使はしない「現状維持法」でもあった。

同時に「レッドライン」の威嚇効果によって、台湾アイデンティティ意識をもつ広範な台湾人と、「台湾独立派」（台湾ナショナリズム）を分断する意図もあっただろう。この法律によって、馬英九政権以来どのような政権が登場しようと、「現状維持」以外の選択肢はなくなった。独立派を抱える民進党政権も、「現状維持」という枠の中に押し込められたのである。

例外設けた「現状維持法」

国共内戦に勝利した共産党は、組織工作に長けている。民進党の分断工作もおそらくお手のものだろう。しかし香港の大規模デモを展開したのは組織化された政党ではない。ＳＮＳでの情報共有によって、その都度、様々な場所で繰り広げる「ゲリラ戦」に近い。

２０１９年の抗議活動の標的は行政長官をはじめ香港政府だったが、国家安全法が施行されれば、その標的は中央政府に直接向く。大規模デモは抑え込まれたが、反体制派の一部は地下に潜伏し活動を続けるかもしれない。台湾で成功した威嚇効果が、香港でも発揮できるかどうかは定かではない。

もう一つの違いは、二つの法律の時代背景である。「反国家分裂法」は２００１年の「９・11」を受け、米中両国が「反テロ戦争」で足並みを揃えた米中協調下で成立し、米国とともに独立派を抑え込む狙いがあった。一方、香港国安法は米中戦略対立下の法律であり、独立派を抑え込む目的は同じだが、米国など外部勢力の干渉排除という難易度の高い課題が付け加えられた。

いずれにせよ、国安法も「独立」、「政府転覆」、「テロ」、「外国の介入」にレッドラインを引くことによって、中国の主権を侵害する行為に明確な禁止枠を設定した。逆に言えば、これに反しない限り言論・結社の自由は、現状のまま認める「現状維持法」とも言える。それが「一国二制度」の終わりを意味するかどうかは議論のあるところだ。

独立派や反体制派は「一国二制度」の「一国」（中国）を否定しようとしているのだから、「一国二制度」の議論自体意味がない。一方、北京が国安法を制定したことで、中央政府の香港支配と締め付けが強化されるのは間違いない。

ただ、中国にとって香港は依然として「金の卵」を産む資本主義社会であり、経済的には「一制度」維持は欠かせない。しかし政治的には禁止枠を設定された中での、萎縮された「自由」になる。ただしその「自由度」は、集会、結社、出版共に、本土以上に自由でなければ、結果的には「金の卵」を産む鶏を殺すことになる。

（二）　大陸と香港

議会突入から反体制化

「借りた時間、借りた土地」――。香港を舞台にした映画「慕情」の英国人作者ハン・スーイン（韓素音）が、「植民地香港」の置かれたポジションを巧みに形容した名セリフである。

警察による放水（2019年10月1日）
（撮影：Studio Incendo (CC BY 2.0)）

１５０年にも及ぶ英植民地だった香港中国人にとって、香港は戦乱と革命からの逃避地であり、戦後はレッセフェール（自由放任主義政策）の下で「国際金融センター」へと発展し、中国の改革・開放政策を金融面から支えてきた。

植民地統治下に置かれ、長い間「政治」とは縁遠い存在だった香港は、２０１９年初夏から「政治一色」の風景に塗り替えられた。「１００万ドルの夜景」は「１００万人デモ」に置き替わり、デモの先頭に立った「勇武派」（武闘派）は、香港政府と北京への不信と怒りを爆発させ、警察と衝突を繰り返し経済活動も停滞した。香港島中心部「セントラル」の金融街にも催涙ガスが充満し、欧米のブランドショップはシャッターを下ろし開店休業。市民の足である地下鉄も一時運行を停止し、空港も閉鎖された。

冒頭で触れたようにデモの発端は、刑事事件容疑者の中国や台湾への引き渡しを可能にする「逃亡犯条例」の改正案だった。その要求の一つだった「条例案撤回」が実現したにもかかわらず、なぜこれほど抗議活動が長く続いたのか。その理由を大陸と香港の歴史的関係の変化から探ってみたい。

平和的だったデモに変化が起きるのは、19年7月1日の香港返還22周年記念日だった。デモ参加者の一部が香港立法会（議会）に突入してから様相は一変した。道路やビルにバリケードを築くなど、過激化するデモに警察側は、催涙弾やゴム弾を発射、参加者を殴打する様子がTVやSNSで拡散すると、警察による「暴力的取り締まり」への市民の怒りを煽った。

世界有数の「ハブ空港」の待合室が占拠され、地下鉄の運行も停止させられた。道路のバリケード封鎖、投石に火炎瓶など

５大要求

・条例改正案の撤回（2019年９月に達成）
・行政長官選挙への直接選挙の導入
・警察の取り締まりを調査する委員会の設置
・抗議活動を「暴動」とする見解の撤回
・捕まった人たちの釈放

出典：ＮＨＫ　2020年２月10日
「１からわかる！ 香港の混乱⑶　デモの要求は何？」
https://www3.nhk.or.jp/news/special/news_seminar/jiji/jiji61/

「勇武派」による暴力が次第に日常化していく。デモ側が要求していた「5大要求」に対し、林鄭行政長官は9月4日、「逃亡犯条例」改正案を正式に撤回した。しかし彼女を「北京の操り人形」と見做すデモ側は、もはや聞く耳を持たない。デモの性格も、「香港独立」「時代革命」のスローガンを掲げてからは一部は反体制化していく。

中国返還と大中華圏構想

筆者は1986〜89年まで、共同通信特派員として香港で生活した。香港の中国返還で合意した中英共同宣言（1984年12月）から2年経ったころである。当時の中国最高実力者だった鄧小平は、サッチャー英首相に、1997年の返還後も香港の資本主義を50年間認める「一国二制度」を適用すると約束した。

香港のTVや新聞は当時、「港人治港」による高度な自治が本当に可能かどうかの議論で沸きかえっていた。「借りた時間、借りた土地」の中で「刹那的」に生きてきた香港人だが、「共産中国」への返還を嫌う裕福な香港人の間では「移民潮」が始まっていた。カナダや英国、オーストラリアに移民し、外国旅券（パスポート）をとろうというのである。香港住民の多くは、国共内戦や中国共産党政権を嫌い逃れてきた人とその子孫で占められている。反共の人が多いのだ。

一方、中国ではちょうど開放・改革政策が軌道に乗り、香港という「窓口」と製造業が集中する深圳や広東省が一体となって発展した時期である。そのエネルギーは、中国を世界第2位の経済大国へと飛躍させる源でもあった。

当時、香港や広東で流行したフレーズがある。一つは「グレーター・チャイナ」（大中華経済圏）であり、もう一つは「中国の香港化」だった。中国の経済改革が軌道に乗れば、社会主義の中国と資本主義の香港や台湾が共に「グレーター・チャイナ」（大中華経済圏）を形成する。そして中国が豊かになれば、大陸もいずれ香港や台湾のように、豊かで自由な社会が実現する（中国の香港化）という期待だった。

30年で主客逆転

日本を含め西側資本は、香港と広東省など華南発展の〝磁場〟とエネルギーに引き寄せられた。日本の場合、1995年の主要7か国中央銀行財務相会議「プラザ合意」によって、急速に円高が進み、海外に工場を移転しようとする多くの製造業が、香港を経由し華南に移転先を求める時期と重なった。

中国は1980～90年代に高度成長、やがて「大中華経済圏」は実現した。では「中国の香港化」の方はどうだったか。

この二つのフレーズの「主体」は香港であり、大陸中国は「客体」だった。当時、広東語を機関銃のように早口でまくし立てた香港ビジネスマンは、初期のでっかい携帯電話を片手に、肩で風を切っていた。彼らは北京官話（マンダリン）しか話さない大陸中国人を「田舎者」と見下していた。

それから30年、ファーウェイやテンセントなど、中国を代表する世界的ハイテク企業の本社が集まる深圳の域内総生産（GDP）は2018年、初めて香港のそれを上回った。「主客逆転」し、経済に関する限り大陸の力が香港を上回った。

香港の1人当たりGDPは既に日本を超えているが、その原因の一つは、大陸中国の富裕層による不動産投資が、香港の不動産や賃金を世界一に押し上げたからである。米国・カナダの大学で修士号、博士号をとって香港で就職しても、シェアマンションで10平方メートルほどの部屋にしか住めない。共産党と結びついた特権階層による香港の政治・経済支配と独占への不満と怒りは、香港政府と北京に向く。香港と大陸の力関係の逆転こそが、反体制デモの底流を形成していた。

「経済動物」が「政治動物」に

一方、中国が豊かになって実現したのは「中国の香港化」ではなく、「香港の中国化」だった。大陸中国に比べると社会・経済コストが高い香港。しかも150年にも及んだ英植民地時代にはあった「自由」も一歩一歩侵食される——香港の若者が抱く出口のない「閉塞感」。

香港にいたころ、香港中国人は、典型的な「経済動物」ではないかとみなしていた。英植民地時代の香港には、香港中国人には参政権はなかった。「民主」はもちろん、政治そのものが存在しなかった。その代わり自由放任主義の下で、自由な経済活動が保証され、世界有数の国際金融センターに発展させたというプライドはある。

戦乱と革命の歴史を繰り返してきた中国では、「国家」や「政治」と距離を置く人々が多い。「国家」への帰属意識が薄ければ、何が頼りになるだろう。経済利益と経済合理性によってのみ動く「経済動物」の典型を、刹那的な香港人の姿にみたのだった。

だが、そんな見立ては見事に外れた。

返還から約10年、国家と政治がなかった「借りた土地」に、次々に政治が持ち込まれてゆく。前に触れたが２００３年、基本法23条に基づき香港政府が政府転覆や国家分裂行為を禁じる「国家安全条例」の内容を発表すると、これに反対する50万人規模の大デモが起き、香港政府は白紙撤回に追い込まれた。今回の大規模デモの先駆けになる動きでもあった。

２０１１年には「愛国教育」に反対する中学・高校生の大規模デモで、香港政府はまた撤回に追い込まれた。それが14年の「雨傘運動」と今回のデモへとつながっていく。中国共産党を批判する本を販売していた「銅鑼湾書店」の店長ら５人が２０１５年、中国当局に相次いで拘束され、中国に批判的な記者の行方不明事件は、共産党統治に対する市民の不信感を一層高めた。「逃亡犯条例改正案」に反対する市民感情は、こうして醸成されていった。

こうした動きが「経済動物」だった香港人が、政治に目覚め「政治動物」へと変身した背景だと思う。デモが暴力化し香港経済が落ち込めば、多くの市民は破壊的な抗議運動に反対し、やがて沈静化するという展望は裏切られた。米中対立が激化し、米国が民主派擁護の姿勢を強めたことも、反体制運動の「正当性」をバックアップし、長期化させる要因にもなった。反体制運動には、「経済合理性」というモノサシは通用しない。

「死なばもろとも」の捨て身

香港デモを現地取材してきたルポライターの安田峰俊氏は「閉塞感が爆発した運動ゆえに、最近は『攬炒（やけくそ、死なばもろとも）』という言葉も流行りはじめた」とみる。[3] そして「原動力は、すでに条例案の撤回ではなく、過剰な暴力を行使した香港政府・警察への復讐心と、若者層の生活の不満をぶつけるものに変わっている」とみる。

「勇武派」が戦術を過激化させても、デモが収まらない理由を安田は「他者の行動を批判しない」というデモの不文律が、強硬路線の容認につながっているとみる。香港問題を専門にする倉田徹・立教大教授[4]も、デモ側は「国際金融センター」としての香港の地位を破壊することで、香港の親中派既得層や北京政府へ打撃を与えることを狙い、それは「死なばもろとも」の捨て身の戦術になっていると分析する。

「自傷行為」とすら言える戦術。破壊行為によって景気が後退しようが、不動産価格が暴落しようが構わない。むしろ米国をはじめ国際的な支持を巻き込みながら、景気減速が目立つ中国経済に打撃を与えても構わない。

一見無謀のようにみえるが、反体制運動にはむしろ固有の論理と言える。「民衆が飢えれば、革命に立ち上がる」という「窮乏革命論」にも通底する。体制側が、鎮圧のために暴力的対応に出れば出るほど、民衆が覚醒するという現状破壊論であり、筆者も片足を突っ込んだことのある1960年代後半の「全共闘運動」でも同じ論理が支配した。

デモ隊に銃を向ける警察官（撮影：Pakkin Leung@Rice Post (CC BY 4.0)）

北京の中央政府が「天安門事件」の時と同様、武力行使によってデモを鎮圧するのを「期待」するＳＮＳの書き込みすらあった。主流民意ではないが、「他者の行動を批判しない」という暗黙の了解もあり、暴力化するデモを非難する声は増えなかった。

「香港臨時政府」の怪文書

中国が建国70周年を迎えた10月1日、香港警察官が高校生に実弾を発射して重傷を負わせ事態は緊迫化した。香港政府は同5日、「緊急状況規則条例」を発動し、デモ参加者が顔をマスクで覆うのを禁じる「覆面禁止法」を導入した。しかしデモは収まらず、クーデターまがいの「香港臨時政府」まで飛び出し、米中対立とシンクロしながら出口のない混迷が続いた。

「香港臨時政府」[5]樹立とは穏やかではない。

全文900字の宣言は、「香港政府は、中国と共産党の管理下に置かれ、人民の要求を無視し人民の権利をはく奪し、さらに人民の自由を奪っている」と批判し、行政長官ら幹部の辞職と、政府部門を「臨時政府」の管理下に置くと要求。立法会を解散し3か月以内に選挙を行うなど、7項目要求を掲げている。

その内容は、「権力奪取」と「香港独立」を呼びかけるクーデターまがいの主張である。香港の民主派は14年の雨傘運動を契機に、「民主派」の要求は生ぬるいとして、香港独立を求める「本土派」が生まれた。司令部のない今回の運動で、具体的にどんなグループが「宣言」を出したのかは分からない。

民意を探るためのアドバルーンの可能性や、大陸側が武力制圧の口実として利用するために出した「陰謀」説もあった。「宣言」を読み「いよいよ武力制圧が近づいた」と、SNSに書き込んだ著名な日本の中国研究者もいた。しかし「宣言」への支持は広がらず、「怪文書」の域を出なかった。

英政府も緊急条例でデモ鎮圧

香港政府が発動した「緊急状況規則条例」は、英植民地時代の1922年に制定された。香港行政長官とその諮問機関が「緊急事態もしくは公共の安全に危害が及ぶ状況にある」と判断した場合、通信や交通の制限、拘束者の勾留延長などさまざまな「超法規的」規則を設けることができる。国家が発動する「非常事態宣言」に近い効力を持つ。

同法の発動は、文化大革命直後の1967年7月、香港で始まった「反英暴動」に対し、香港政庁が発動して以来52年ぶりだった。英植民地時代も政府転覆や動乱を鎮圧のため、デモや集会を禁止したのである。とするなら、中国主権下に置かれた香港特別行政区で、罰則規定のない「法的空白」を埋め、国家安全維持条例を制定して混乱防止に当たるのは、あながち異常とは言えない。

逃亡犯条例案への反対という「条件闘争」に始まった大規模抗議活動は、市民運動自体が持つ力学から次第に過激な反体制運動に変化し、米国などの支援も手伝い歯止めを失った。結局、中央政府による国安法制定という「高い代償」を支払う結果を招いてしまった。

依然必要な「一国二制度」

中国の改革・開放政策の初期段階、香港は「金の卵」を産む鶏に例えられた。しかし香港の経済規模は、大陸の18・4%(返還時)から2・7%(19年)まで低下している。ファーウェイはじめハイテク企業本社が集まる隣の深圳の域内総生産(GDP)は18年、香港のGDPを初めて上回り、香港と大陸の関係は「主客逆転」した。

とはいえ米国、日本、EU諸国など外国企業は、香港を大陸に進出する足掛かりにし、対中直接投資の約7割は香港経由。一方、中国は香港の通貨、株式、債券市場を利用して外国資金を呼び込み、新規株式公開を通じた資金調達の半分は香港上場企業が担う。さらに「表現の自由」や「独立した司法」が保証する「国際金融センター」としての地位は、中国の発展にとって依然として必要な存在である。

では、深圳ではこれらの機能は代替できないだろうか。北京は「一帯一路」を推進する上で「広東・香港・マカオ大湾区」建設に力こぶを入れ、その中心に位置する深圳に、独自の法律と行政システムを導入しようとしている。

確かに「ハイテクセンター」として急成長する深圳の重要度は増している。だが、資本取引は完全に自由化されていない。香港の代替は無理である。

（三）　一党独裁の動揺に危機感

「カラー革命」と断定

反体制化する運動が、中国共産党による一党独裁にとってどんな作用をもたらしたのかを分析する。

中国の国務院香港マカオ事務弁公室の楊光・報道官は２０１９年10月４日、「騒ぎはいまや完全に変質し、まさに外部勢力の介入、関与の下、『香港版カラー革命』に変わった」と断定した。「カラー革命（顔色革命）」とは何か。

中国のWEB百科「百度百科」によると、「21世紀初頭から、旧ソ連諸国と中東諸国で起きた平和的非暴力方式によって政権交代を求める運動」と規定。Wikipediaは「2000年ごろから、中・東欧や中央アジアの旧共産圏諸国で民主化を掲げて起こった一連の政権交代を指す」と定義し、「〝独裁・圧政的な政権〟に対する〝民主化ドミノ〟（＝政治体制親米化）を起こさせたいアメリカ合衆国国務省やCIAの存在が繰り返し囁かれている」[6]と書いている。

中国政府や中国系メディアは、大規模デモの中心メンバーが、米諜報機関「米民主主義基金（NED）」から資金援助を受けているとして、その証拠データを公開した。8月には香港の米総領事館員が、黄之鋒氏を含む、「香港衆志（Demosisto）」メンバーらと面会したと写真付きで伝え、米国の「内政干渉」を批判した。

NEDが、反米的国家の政権交代や体制転覆を支援するため、反対派に資金援助し「カラー革命」でも重要な役割を果たしてきた事実は、これまでにも指摘されてきた。香港問題に介入し、国際的な宣伝戦を展開して、米中対立を有利に展開することに利用する。それは香港問題の「外在要因」の一つであろう。だがそれだけから、多くの市民のデモ参加を説明するのは無理がある。

国安法制定は4中総で決定

香港での抗議行動がピークを迎えた19年10月28～31日、北京で中国共産党第19期第4回中央委総会（4中総会）が開かれ、習近平・総書記は「国家の統治システムと統治能力の近代化」をテーマに約1時間半にわたって演説した。

国営「新華社」通信によると、習は次のように言う。

「世界は100年来の大変動の局面にあり、国際情勢は複雑で目まぐるしく変化している。改革・発展・安定、内政・外交・国防、党・国家・軍の統治が直面するリスク・挑戦の厳しさはかつてなかった」

さらに「リスク・挑戦は国内から来るものもあれば、国外からのものもある」とも述べ、共産党の一党支配がかつてない風波にさらされている危機意識をあらわにした。国内は香港問題を指し、国外は米国との対立激化を意識した発言である。

中央委員会総会が開かれたのは、2018年2月の3中総会以来1年8か月ぶり。米中対立激化と経済減速、香港大規模デモの「三大課題」に、習近平指導部がどう対応するかが最大の焦点だった。大会前に予想された、胡春華副首相と陳敏爾・重慶市党委員会書記を政治局常務委員に昇格させる人事は見送られ、対米・経済政策に関しては特筆すべき発表はなかった。

採択された「決定」（11月5日発表）は、「国家の統治システムと統治能力の近代化」が主テーマ。まさに「共産党の一党独裁」が議論され、「国内外のリスクと挑戦が明らかに増えている複雑な局面」との認識の下で、「安定と発展」が強調されたのである。

討議のかなりの時間が香港問題に費やされたとみられる。前記の「決定」は15項目からなり、香港問題では「一国二制度のレッドラインに挑戦する行為と国家を分裂するいかなる行動は絶対に容認しない」との強い姿勢を示した。香港独立派への警告である。

そして中央の香港への関与を強化する具体策として4項目が挙げられ[7]、その第2項に「特別行政区の国家安全維持の法制度と執行の仕組みを確立し整え、特別行政区の法執行力の強化を支持」と書かれた。中央による国安法制定は、まさに4中総会で決定されたことが分かる。

一党独裁の理念とは

習演説に戻る。習はこの中で、①2021年の共産党創立100年までの小康社会完成と、2049年の中国成立100年までの「近代的社会主義強国」実現のための重大任務、②新時代の改革開放の前進を図る上での根本的要求、③リスク・試練に対応し主導権をとる保証――の3点を強調した。

「決定」は、全文6000華字。党の指導、政治、経済、軍事、外交など15分野で「党中央の権威と集中的な統一指導」を全面的に強化する方針が示されている。少し迂遠だが「決定」の内容から、中国共産党の一党独裁の理念をみてみる。

党の指導思想について「決定」は、①マルクス・レーニン主義、②毛沢東思想、③鄧小平理論、④「三つの代表」の重要思想（江沢民）、⑤科学的発展観（胡錦涛）、⑥習近平の新時代の中国の特色ある社会主義思想――を挙げた。これは従来と変わりない。天安門事件以来、共産党は統治の危機に直面する度に、「四つの基本原則」[8]をはじめとする原則論を繰り返し強調し、党内引き締めを図ってきた。

今回は、これら指導思想の下で「四つの意識」（政治意識、大局意識、核心意識、一致意識）を強め、「二つの守る」（習の党中央の核心、全党の核心としての地位を守り、習を核心とする党中央の権威と集中統一指導を守る）が強調されている。習への権力集中を強め、「引き締め」を図る意思が鮮明だ。

しかし「一党独裁」による統治の一般的モデルが描かれているわけではない。前に書いたように米中対立激化の中で、統治システムについて、自由・民主の「西側モデル」と、「一党独裁」の「二項対立」から議論されがちだが、共産党は「中国モデル」を普遍化しているわけではない。

「統治体系と統治能力の近代化」を実現するタイムテーブルは、①２０２１年の党創立１００年までに、制度の一層の成熟・定型化で著しい成果を収める、②２０３５年までに制度をより一層整備し近代化を基本的に実現、③２０４９年の建国１００年までに近代化を全面的に実現――とされた。

制度はまだ「成熟・定型化」されていないのだから、精神論が目立ち、理解しにくいのは当然かもしれない。２０４９年に「近代化を実現」するというのはあくまで目標であり、試行錯誤が続くと考えるべきである。

記者にも「習近平思想テスト」

前にも書いたが、中国社会はここ数年、内陸部を含め全体として安定を保ってきた。その第一の理由は、生活が豊かになって社会が安定し、「ゆとり」がでてきたこと。第二は、顔認証機能の付いた監視カメラが全国に2億台も設置された「監視社会」効果もあるだろう。犯罪が減り公務員のマナーが向上したのも背景の一つだと思う。

19年10月末、中国政府はメディア記者を対象に習氏の指導思想の理解度を測るテストを実施し、合格者だけに新規の記者証を発行する方針を決めたと報じられた。さらに、インターネットを通じ「不良な思想や文化が侵入」しているとして、青年を対象にした道徳教育強化を通知したという。いずれも香港抗議活動が「内地」に波及するのを阻止しようとする「防衛策」だ。

インターネットが普及した中国で、果たしてこうした思想的締め付けに効果は期待できるのか。中国では昔から「上有政策、下有対策」（上に政策あれば、下に対策あり）という言葉が生きてきた。Google や Twitter、Facebook は規制されているものの、都市部ではVPN（バーチャル・プライベート・ネットワーク）を使えばこれらSNSにアクセスできる。規制や締め付けが常に「イタチごっこ」を生んできた社会。思想締め付けの効果には「？」を付けざるを得ない。

豊かになり、安定したようにみえる中国社会と、党・政府による締め付け強化――。この非対称な世界は、何に起因するのだろう。

習演説が強調したように、中国はいま天安門事件以来、最大の統治危機に直面している。

天安門事件の1989年は、米ソ冷戦が終結しただけでなく、社会主義陣営の崩壊と分裂の起点になった。中国はソ連崩壊から学び、市場経済化を加速して国民の富裕化を図る一方、政治面では一党支配を強化し、ことあるごとに引き締めを強めてきた。ゴルバチョフ元ソ連共産党書記長が導入した「ペレストロイカ」（改革）と「グラスノスチ」（情報公開）が、ソ連崩壊の引き金になったとの認識からである。統治の手綱を緩めれば、体制の崩壊につながりかねない危機感だ。

デジタル社会主義で効率高める

一党支配の正当性は、経済成長による国民生活向上と富裕化が保証している。コロナ禍で2020年1～3月期は成長率がマイナス6・8%まで落ち込んだ後、コロナを抑え込み、7～9月期は4・9%増とV字回復に成功した。だが、これまで維持してきた6%台成長を今後も維持するのは極めて難しい。経済落ち込みから国民生活にしわ寄せが及べば、経済・社会の安定は失われ、政治の不安定化を招きかねない。

「はじめに」で紹介したロシアの国際政治学者、ドミトリー・トレーニンは「国家にとって社会管理の最新ツールがデジタルテクノロジーである。民主主義と権威主義の対立は二次的なものになり、統治の質と効率性の違いがこれにとって変わる」と書いた。

高成長が望めなくなった中国にとって、それに替わるのがＡＩ（人工知能）技術を駆使した「デジタル社会主義」である。それを加速することによって、「統治の質と効率」を高めて一党独裁への不満をかわそうとしているようにみえる。

オーウェルの「１９８４年」？

「デジタル社会主義」の世界を少しだけのぞいてみよう。最近、中国ではＡＩやビッグデータを使って、個人の属性や資産が「信用スコア」として点数化されるようになった。スコアが高ければ就職や昇給に有利だし、審査なしで融資が受けられるなど利便性が高まる。

天安門広場の監視カメラ（2012 年）
（撮影：Nicor (CC BY-SA 3.0)）

キャッシュレス化が進み、顔認証は入国審査やホテルのチェックインから、ショッピングやチケット購入まで、社会のあらゆる領域に広がっている。漠然とした「相互信頼」が成り立たない中国では、画期的とされる。

一方、犯罪容疑者の特定やドライバーの監視によって、社会の安全性も高まった。日本でも犯罪の容疑者特定に、道路に設置された監視カメラが抜群の効果を挙げている。「プライバシー侵害の恐れ」という批判もあるが、むしろ治安向上のためカメラ増設を期待する主張に、かき消されがちである。

このシステムは、国家・政府が政治的意図から反体制的人物の行動を24時間監視することも可能にする。中国の現状をジョージ・オーウェルの『1984年』が描く「恐怖の監視社会」になぞらえた批判は前からあった。「言論の自由」がなく、政府を批判する知識人を力で弾圧する共産党独裁への負のイメージが、それを増幅してきた。

その一方、顔認証機能が社会の隅々まで浸透した現状について、知り合いの中国人は「悪用されない限り、安全性や利便性と引き換えに個人情報を提供するのはやむを得ない」と、達観した見方をしている。

梶谷懐・神戸大教授は『幸福な監視国家・中国』（高口康太との共著、NHK出版新書、2019年）の中で、中国の監視社会の推進力を「人々の功利主義」に求める。政府や企業は「最大多数の最大幸福」のため、ビッグデータに基づく制度設計・監視を、共産党という「家父長的な立ち位置」から行っている、とみるのである。

主権と統一の回復は「神聖な使命」

「豊かになり安定した中国社会」と「言論の自由がなく抑圧に苦しむ『ディストピア社会』」。いずれも中国社会の一面だと思う。しかしそれらは、中国全体を表しているわけではない。

「統治の特殊性」でも触れたが、多民族・多言語・多宗教に加え、先進国と途上国が同居する「帝国」――。中国ほど平均化が難しく、全体像を掴むのが難しい国はない。

民主的ルールがありながら、民意が反映されない政治、経済格差の拡大、不安定な雇用環境に少子高齢化に伴う福祉への将来不安――。これらの問題の多くは、「民主と自由」を享受しているはずの西側資本主義国家が抱える矛盾でもある。

「一党独裁」はもともと、マルクス・レーニン主義に基づく「プロレタリアート独裁」や「人民民主独裁」に源がある。しかし旧ソ連のほか、北朝鮮、ベトナム、キューバや中南米諸国など、社会主義国家の統治システムの形は、それぞれの歴史的条件や伝統、文化によって異なり、決して一様ではない。中国の社会主義も、市場経済原理を導入した「中国の特色ある社会主義」である。

中国の「一党独裁」を、歴史的条件の中で形成された建国理念からみよう。

国家の「統一と分裂」は、中国建国と共産党の存立にかかわる歴史的テーマである。香港と台湾はアヘン戦争以来、列強に収奪された領土と主権の象徴的存在である。主権と統一の回復は、党と国家の存立基盤を支える「神聖な任務」なのだ。

「連邦国家論」が提起されて久しい。かつて毛沢東も米ジャーナリスト、エドガー・スノウに対し、「米国の連邦制に学ぶ必要」を説いたことがあった。しかし、台湾統一という建国目標が実現する前には空論に等しい。それが論理的帰結であろう。「偉大な中華民族の復興」というスローガンを、「全球化」が進む世界での「グロテスクなナショナリズム」と笑うことはたやすい。しかし、それは、途上国の犠牲の上に、先進国の地位を獲得した側の、歴史的条件を無視した傲慢と言うべきだと思う。

国安法導入の狙いは、「主権」「統一」にレッドラインを引き、香港独立派への威嚇効果と内地への波及を食い止めるためにある。中央政府は今後も、直接介入は控え香港政府に対応を委ねるだろう。香港問題は米中代理戦争の様相を呈し、大陸の経済問題とも複雑に絡み合う。香港の混乱は、共産党にとって将来の統治の在り方に突き付けられた「啓示」でもあった。

注

1 「BUSINESS INSIDER」2020年5月24日 吉田博史「香港の民主活動家・周庭さん『国家安全法は危険』中国全人代で審議」https://www.businessinsider.jp/post-213417

2 「朝日」2020年5月26日「『香港の米企業にも大打撃』 行政長官側近、米の優遇見直し示唆に」https://www.asahi.com/articles/DA3S14489441.html

3 文春オンライン 2019年9月5日、安田峰俊「逃亡犯条例撤回『こいつら暴徒だわ』香港デモ隊の〝醜い真実〟をあえて書く https://bunshun.jp/articles/-/13886

4 「外交」57号 2019年9—10月号 倉田徹「香港デモ 暴力の論理」

5 台湾中央社（CNA）2019年10月5日「マスク禁止法に抗議して、香港のデモ隊の一部が香港臨時政府樹立を発表（抗議禁蒙面法 香港部分示威者宣布成立臨時政府）」

https://www.cna.com.tw/news/firstnews/201910050005.aspx

6 https://ja.wikipedia.org/wiki/ 色の革命（２０２０年11月27日最終閲覧）

7 香港への関与強化の具体策として次の４項目が挙げられた。

⑴　特別行政区長官と主要職員の任命制度・仕組みを整備し、憲法と基本法で中央に付与された各権限を法に基づき行使。

⑵　特別行政区の国家安全維持の法制度と執行の仕組みを確立し整え、特別行政区の法執行力の強化を支持。

⑶　「粤港澳大湾区」（広東・香港・マカオ大ベイエリア）建設を推進、香港、マカオの経済発展、民生改善を支持し、社会の安定と長期的発展に尽力。

⑷　香港、マカオの公職者と青少年に対し憲法・基本法教育、国情教育、中国の歴史と中華文化の教育を強化し、香港、マカオ同胞の国家意識と愛国精神を高める。

この中で重要なのは、⑴と⑵であろう。特に「行政区長官の任命制度・仕組みの整備」に触れたのは、「普通選挙による行政長官選びの実現」の否定を意味するのではとの見方が香港では広がっている。

香港基本法は、行政長官選びについて「選挙または協議で選出され、中央人民政府から任命を受ける（第45条）」（「香港ポスト」２０２０年7月9日「香港基本法　日本語完訳」）と規定しており、選挙ではなく協議で選ぶことも可能。ただしどのような「協議」によって選出されるのか、付属文書にも具体的内容を説明する内容はない。

8 中国の「四つの基本原則」とは、憲法前文に規定され「社会主義の道」、「人民民主主義独裁」、「共産党の指導」、「マルクス・レーニン主義と毛沢東思想」の堅持を指す。

第四章　台湾海峡の軍事的緊張

台湾海峡で「第4次海峡危機」とでも呼ぶべき軍事的緊張が走っている。中国の軍事能力の大幅な向上と、トランプ米政権が台湾という中国の「核心利益」に侵食したのが背景である。台湾海峡と南シナ海では、米中双方が大規模な軍事演習を展開、中国は「米軍の挑発行動」に対し、南シナ海に向けて中距離ミサイルの発射実験で「報復」した。「挑発」と「報復」の応酬はエスカレートし、米中間、中台間の軍事衝突の恐れがまことしやかに論じられた。

本章では、主としてトランプ政権発足後の台湾海峡をめぐる米中対立を振り返りながら、米中双方の台湾基本戦略を押さえ、現段階の台湾海峡情勢を評価したい。

（一）中国の台湾問題認識

中国機の中間線越境

台湾国防部（国防省）は2020年9月18日、中国軍の戦闘機「殲16」など8機が台湾海峡

アザー米厚生長官
(Eli Lilly, Wwsgconnect (CC BY-SA 4.0))

中国の戦闘機「殲20」
(J-20_at_Airshow_China_2016、撮影：Alert5 (CC BY-SA 4.0))

の中間線（1950年代に米軍が設定した〝停戦ライン〟）を越境したと発表した。翌19日も少なくとも5機が越境し、2日間で計13機が越境したことになる。中国空軍機の越境は2020年に入り急増し、2月と8月に続き計4波と異例の多さだった。

一方、中国国防省は同じ18日、中国軍東部戦区が台湾海峡付近で軍事演習を同日から始めたと明らかにした。クラック米国務次官（経済成長・エネルギー・環境担当）が李登輝・台湾総統の葬儀（19日）に参列のため、17日から訪台したことに抗議する意思を軍事演習に込めたのである。

米高官の台湾訪問に向け、中国軍が台湾海峡で軍事演習するのはこれが初めてではない。アザー米厚生長官が8月9～12日まで訪台した際は、8月10日に「殲10」と「殲11」が中間線を越境した。さらに8月13日には、中国軍の東部戦区報道官が、台湾海峡の南北端とその周辺で「実戦的演習」を行ったと発表した。

米閣僚の訪台は、オバマ政権時代以来6年ぶり。だがト

両岸（中国ー台湾）をめぐる動き（2020年1～9月）

1月11日	台湾の蔡英文総統が再選、米傾斜鮮明に
2月10日	中国空軍爆撃機H-6がバシー海峡から西太平洋に入る演習中、台湾中間線を越境
5月4～5日	米空軍B-1B爆撃機2機が台湾空域飛行
5月14日～	中国軍が渤海湾で2か月半にわたり大演習
5月20日	蔡英文総統が2期目の就任式
6月9日	米軍C-40A輸送機が台湾領空を通過
6月9日から数日	中国空軍機が、台湾南西部の防空識別圏内を飛行
7月1日	中国軍が南シナ海、東シナ海、黄海の3海域で軍事演習
7月初め	米空母「ニミッツ」「ロナルド・レーガン」が南シナ海で演習
7月23日	ポンペオ米国務長官が、米国での演説で新たな対中包囲呼びかけ
8月9～12日	アザー米厚生長官が台湾訪問
8月10日	中国空軍戦闘機「殲10」と「殲11」が中間線を越境
8月11日から	中国軍東部戦区が台湾の南北端で「実戦的演習」
8月17～31日	米海軍がハワイで「環太平洋合同演習（リムパック）」
8月26日	米国防当局が、中国軍が青海省と浙江省から、「グアムキラー」「空母キラー」と呼ばれる中距離弾道ミサイル4発を海南島近くに発射と発表
8月30～9月4日	チェコ上院代表団が台湾訪問
9月2日	中国軍が黄海で実弾射撃演習
9月17～19日	クラック米国務次官が訪台
9月18～19日	中国軍戦闘機「殲16」など計13機が中間線越境

ランプ米政権はアザー訪台を、1979年の米中国交正常化以来「最高位の高官訪台」と誇張した。それはトランプ政権が、米台高官の相互訪問を促す「台湾旅行法」（2018年3月成立）後では、初の高官訪問になったことを強調する狙いもあったようだ。

中間線越境について中国外務省報道官は9月21日の定例記者会見で「台湾は中国領土の不可分の一部。いわゆる〝海峡中間線〟は存在しない」と否定した。米国が一方的に線引きしたものは認めない「公的立場」の表明であろう。しかし中国軍機は「中間線」を越えないよう慎重に行動し続けており、中国側が緊張回避のため「中間線」を常に意識して行動しているのは間違いない。

高官訪台、米台の思惑は？

こうした動きをみれば「中国はいかに好戦的か」という印象を抱くかもしれない。中国はなぜこの時期にこうした軍事行動に出たのだろう。中国外務省の趙立堅副報道局長は8月10日の記者会見で、アザー訪台について「中国は一貫して米台の公的な往来に断固反対している」と述べ、米側に抗議したことを明らかにした。

さらに人民日報系の「環球時報」（電子版）も8月10日、「米国は新型コロナを利用し、『台湾カード』を使って中国に対抗しようとしている」と批判し「米中関係は国交樹立以来、最も深刻な時期に直面している」との厳しい現状認識を示した。「環球時報」は社説（8月14日付）で、「実戦的演習」について「米台の挑発を中国は決して座視しない」と書き、演習が米台の「挑発」への「報復」と強調した。

アザーに続きクラック国務次官の連続訪台をみれば、新たな対中包囲網形成を呼びかけたポンペオ国務長官演説（7月23日）を受けて、トランプ政権が米台関係のレベルを引き上げたことを印象付けた。コロナ感染拡大が止まらないトランプ政権には感染拡大の責任を中国に転嫁したい思惑が、そして台湾側には米中対立を米台関係強化につなげようとの狙いがある。

「総統府上空をミサイルが」

「挑発」と「報復」の応酬は、メディアを使った「心理戦」「宣伝戦」のようにもみえるが、果たしてそれで済むだろうか。「これは警告ではない。台湾攻撃の実戦的演習だ」。先の「環球時報」は9月19日付の社説で「これでも遠慮しているのだ」とし、もし米国の国務長官や国防長官が訪台すれば、「今度は解放軍戦闘機が台湾島の上空で直接演習し、台湾本島を横断する我々の弾道ミサイルは総統府上空を通過することになる」と警告した。

社説のリアルな警告を、台湾側はどう受けとったか。台湾メディアの報道によると、台湾軍の戦備体制は3段階のうち「平時」の状態を保っており、直ちに「有事」に備える態勢はとっていない。ただ蔡英文総統も出席した9月20日の総統府国家安全会議[1]は、通常戦備時期の行動規則にある「第1撃」という規定を「自衛反撃権の行使」に改訂した。「敵対行為があってから反撃する」ことを明確にすることによって「不測の事態」に備える措置と言える。

一方、「環球時報」は8月の実戦的演習の記事で、今後の具体的戦術として、①中国軍機の台湾上空飛行、②台湾上空を通過するミサイルの試射、③台湾東部海域での演習――を挙げた。そして、米台協力がさらに増強されれば「台湾を戦争の縁へと押しやる」とも警告した。

統一は建国理念の柱

中国は「西側諸国」が台湾問題に「関与」すると、なぜ「内政干渉」と、頑な反応を示すのか。先に台湾問題は「中国の核心利益」と書いたが、それを理解するには、中国の台湾に対する基本認識と、「統一」戦略を理解する必要がある。

少し歴史を振り返ろう。日清戦争に勝利した日本は1895年の下関条約で台湾を割譲し、1945年の敗戦まで台湾を50年間植民地支配した。1949年、国民党との内戦に勝利した共産党は中華人民共和国の成立を宣言。敗退した蒋介石の国民党軍は台湾に逃れた。「台湾問題」の始まりであり、海峡両岸では70年以上にわたり分断統治が続いている。

中国にとって台湾との統一は、帝国主義列強によって分断・侵略された国土を統一し「偉大な中華民族の復興」を実現する建国理念の重要な柱である。歴史的経緯と国際法上、その主張に理はある。では、70年以上分断統治下に置かれた二つの政治実体が「統一」するのは可能なのか。軍事的な統一はイメージしやすいが、軍事統一ほどコスト・パフォーマンスの悪い選択はない。大半の台湾住民が統一を望まない統一を実現したとして、いったいどんな意味があるだろう。

現状は「分裂していない」

台湾の現状と将来は、①台湾独立に反対し統一を求める中国、②台湾の民意、③台湾軍事支援を通じ現状維持を図ろうとする米国――の三者の力の相互作用によって決定される。まず台湾の民意。馬英九前政権は「統一も独立もしない」現状維持路線を掲げ、民進党の蔡も「現状

大戦後の国際政治と両岸関係（年表）

時代区分 ＼ 国際関係と内政		中国と東アジア・世界	両岸関係	台湾の統治形態
冷戦期 米ソ二極支配 （イデオロギー対立） 1945 ～ 89 年	前期 → 72	50 年　朝鮮戦争 第 1 次台湾海峡危機 58 年　大躍進 66 年　文化大革命	「一〈二〉つの中国」 中国代表権争い、双方が武力統一主張 交流は香港経由 58 年　第 2 次海峡危機	国民党独裁 47 年　「2・28 事件」 白色テロ横行
	後期 → 89	72 年　米中和解 75 年　ベトナム戦争終結 78 年　改革開放政策 89 年　ベルリンの壁崩壊、天安門事件	79 年「台湾同胞に告げる書」 81 年　葉剣英が平和統一提案 「三通解禁」提案 鄧小平「一国二制度」	国際孤立と内政重視 79 年　高雄事件 86 年　民進党成立 87 年　戒厳令解除、間接貿易解禁 88 年　李登輝政権
ポスト冷戦期 米一極支配 （ナショナリズム） 1989 ― 2003 ～ 08 年		91 年　湾岸戦争 ソ連崩壊 94 年　朝鮮核危機 96 年　第 3 次海峡危機 日米安保再定義	「一中一台」時代 経済相互依存と政治的緊張の併存 99 年　「二国論」 02 年　「一辺一国」	民主化と台湾化 92 年　立法院全面改選 96 年　総統選挙 00 年　民進党政権
多極期 （大国間勢力移動で不安定化） 2003 ― 08 年～		03 年　イラク侵攻 朝鮮 6 者会談 イラク戦争泥沼化 05 年　日米関係悪化 日米安保「2+2」 08 年　世界金融危機	「主権棚上げ」時代 05 年　国家分裂法 08 年　緊張緩和、両岸の対話復活、直行便など 「三通」実現 胡錦濤「6 点」発表	ポスト民主化 08 年　国民党政権 民主制度の完成市場、経済のグローバル化で、政府 Actor の後退

維持」を公約にして総統に当選した。それは台湾住民の大多数（民意）が、「独立」でも「統一」でもない「現状維持」を望んでいるからである。

では中国は「現状維持」についてどんな認識をしているのか。北京は「現状維持」を公式に容認しているわけではないが、事実上「現状維持」はやむを得ないと考えている。その理由は、北京側に内在している。

胡錦涛前党総書記は2008年末に発表した台湾政策（通称「胡6点」）で「大陸と台湾は統一していないといえども、中国の領土と主権は分裂していない」とする現状認識を示した。「統一していないが、主権と領土は分裂していない」とは、論理矛盾じゃないかと受けとめる人がいるだろう。しかし北京がもし現状を「分裂している」と定義すれば、その途端、武力行使しても統一を実現しなければならない。なぜなら共産党は、統一という「神聖な任務」を放棄したことになるからである。

統一は国家目標なのだから、「分裂した主権と領土」を回復しなければならないのだ。だが、それは共産党指導部に計り知れないストレスを与える。まず現状では米国との衝突・対決を覚悟しなければならない。習近平はオバマ政権とトランプ政権に対し、「衝突せず、対抗せず」の対米政策を挙げている。現段階で世界最強の軍事力を持つ米国と衝突しても勝ち目はない。軍事力で米国と肩を並べられるのは、建国100年を迎える「今世紀半ば（2049年）」なのだ。

「台独」分裂勢力がいかなる名目、いかなる方式であれ台湾を中国から切り離す事実をつくり、台湾の中国からの分離をもたらしかねない重大な事変が発生し、または平和統一の可能性が完全に失われたとき、国は非平和的方式その他必要な措置を講じて、国家の主権と領土保全を守ることができる。(…)

「反国家分裂法」(2005年) 第8条

しかし現状を追認し続ければ、統一など夢物語に過ぎなくなる。70年以上も分断統治下で暮らしていれば、台湾側に「台湾人意識(アイデンティティ)」が強まり、統一への障害になるだろう。現に蔡政権は台湾の「非中国化」を進め、「一国二制度」による平和統一に反対する「台湾ナショナリズム」を煽っている。

第三章でも紹介した台湾独立に反対する「反国家分裂法」(2005年)は、「現状は分裂していない」という認識を踏まえつつも、第8条で「(台湾への)非平和的方式(武力行使)」の条件として「台湾独立」の3条件を挙げた。中国は米国と国交正常化した1979年、台湾戦略を「武力統一」から「平和統一」へと転換した(156頁の年表参照)。鄧小平の「改革・開放」路線と足並みを揃えた政策でもあったが、台湾独立を綱領にうたう民進党政権の誕生で、「統一」という長期目標の前に、「独立」阻止を、喫緊の政治課題に据えざるを得なくなったのだ。

同法は「武力行使」の条件として、「台独」分裂勢力が、①台湾を中国から切り離す事実をつくり、②台湾の中国からの分離をもたらしかねない重大な事変が発生、③平和統一の可能性が完全に失われたとき――の三つを挙げた。逆に言えば、現状を維持するなら武力行使はしないという解釈が成立する。

法律制定の当時、世界中のメディアは、「武力容認の法律」とみなした。誤りではないが「現状維持法」の側面を無視すべきではなかろう。

「冷たい対抗」から「熱い対立」へ

話を「実戦的演習」に戻す。演習の「政治的意味」について国営新華社通信は8月19日「台独に反対する強い決意」という識者の分析を伝えた。[2]「中国の核心利益」である台湾問題に対する北京の厳しい姿勢が鮮明に表れている。要点を引用する。

記事の中で、中央の台湾政策に影響を与えてきた厦門《アモイ》大学台湾研究院の李鵬・院長は次のように分析する。

(1) 演習のキーワードは「多軍種」、「多方面」、「体系的」、「実戦化」。演習が発したメッセージの対象は、台湾問題で中国が容認できないレッドラインに挑戦し、中国の主権と領土保全を害する外部勢力。

(2) 外国勢力をバックに「新型コロナに乗じて独立を企み」、外部の反中勢力のパフォーマンスに呼応する民進党当局および「台湾独立」分離勢力への警告。

記事はさらに、中国現代国際関係研究院台湾問題研究センターの謝郁・主任の話として、民進党当局が「文化の台湾独立」、「法理の台湾独立」、「憲法制定の住民投票」を一歩一歩推し進めていると批判。そして、両岸関係の現状が「冷たい対抗」から「熱い対立」へとエスカレートしたとみる。

「衝突」寸前の段階？

台湾政治に目を移す。台湾初の住民投票による総統選挙が行われた1996年以来、李登輝、陳水扁の2代の総統が「二国論」や「一辺一国論」[3]など、「台湾独立」と見做される政策を打ち出すと、北京は「文攻武嚇」（言論による攻撃と武力威嚇）を繰り返した。国民党の馬英九時代に両岸関係は大幅に改善し、両岸を結ぶ直行便が開放され、閣僚レベルの政治対話枠組みがスタート、15年11月にはシンガポールで習と馬による「両岸トップ会談」が実現した。

しかし蔡英文政権の登場以来、公的な対話・交流は中断し「冷たい平和」時代に入った。そして、2020年の蔡再選によって「冷たい平和」は「冷たい対抗」[4]に移行した。「冷たい対抗」とは、人民解放軍出身で国務院台湾事務弁公室副主任を務めた王在希氏の命名だが、彼は「対抗」について「全面衝突には至らない」との見立てをしている。

蔡英文（總統府、2016年）

謝郁はそれを一歩進めて、現段階の両岸関係に「熱い対立」という新カテゴリーを充てた。ただその具体的内容を展開しているわけではない。蔡政権下の両岸関係について「観察、圧力、対抗、衝突」の4段階を設定した中国人民大学の金燦栄教授の枠組みに沿えば、「衝突」寸前の段階にまで進んだ、と言ってもいいだろう。

「衝突」が、意図的な武力行使を意味するのか、それとも偶発的な軍事的衝突なのかはあいまいだが、中国指導部が「平和統一」戦略に転換してから約40年に及ぶ両岸関係では、「熱戦」が初めて起きる可能性を意味する。

「武力統一論」が急増

一方、中国のSNSでは、2020年の総統選挙で再選を果たした蔡の圧勝について「もう平和統一の可能性は失われた。武力統一を」という強硬論の書き込みが急増した。先に詳述した反国家分裂法が台湾への「武力行使」を容認する3条件のうち「平和統一の可能性が完全に失われた」に当たるという認識からであろう。

中国共産党中央のインナーサークル情報に強い「環球時報」の胡錫進編集長は20年1月12日、中国のSNS「微信（ウイチャット）」に、「両岸の軍事的力量から判断すれば武力統一に全く問題ない」と書く一方、（武力行使は）米国と全面的な武力衝突を覚悟しなければならず「直面するリスクと挑戦に冷静に対処すべき」と、武力統一論を戒める文章を寄せた。

胡は武力統一が可能な条件として、①中国軍が第1列島線周辺で圧倒的優勢に立ち、米軍が容認できないほどの代償を払うまでの実力を有すること、②中国の市場規模と経済競争力が米国を越え、米国や西側の経済制裁を無力化する実力を備える――の2条件を挙げたのは興味深い。

中国民意も一枚岩ではない。両岸関係の悪化を懸念する上海東亜研究所の章念馳所長は7月14日付の台湾紙「中国時報」[5]に、大陸で「武力統一」のポピュリズムが高まっていることを懸念し、両岸は「対抗をやめ、敵視を停止し、汚名を着せるのをやめて全面的な往来を回復し、両岸が受け入れられる一つの中国の新概念を創造しよう」と、武力統一論を批判する文章を発表した。章は、両岸の窓口機関の大陸側組織、両岸関係協会の故汪道涵会長のブレーンで、台湾問題で穏健な提言をしてきた。辛亥革命に参加した国学者、章太炎（章炳麟）の孫にあたる。

章発言に対し米国在住の中国の社会学者、李毅氏は「微信」で、「台湾朝野と台湾社会に誤ったシグナルを与え、統一を妨害する作用しか与えない」と、章論文を厳しく批判した。さらに李毅の主張に対し、厦門大台湾研究院の陳孔立教授[6]が「李毅氏は台湾の歴史や、台湾同胞と大陸同胞の意識が異なるのを理解していない」などと批判、「平和統一」と「武力統一」をめぐる大陸の識者間の論争は続いている。

（二）　米国の台湾戦略とその変化

台湾関係法が政策の基礎

続いて、米国の台湾戦略とその変化を検証する。トランプ政権は、台湾カードを次々と切っているが、それは従来の台湾政策と同じなのか、それとも「一つの中国」政策見直しを含む、大転換を意味するのかがポイントである。

歴代米政権の台湾政策の柱は、「台湾関係法」[7]と「六つの保証」[8]にある。米国の台湾関係法の目的は、台湾への武器輸出を通じ台湾を守る軍事力を維持し、中国の台湾への武力行使を暗に抑止する意思を示したことにある。

米中両国は1982年8月17日、台湾への武器売却問題に関し「共同声明」（「8・17コミュニケ」）を発表し、米国側は「台湾に対する武器売却を次第に減らし一定期間のうちに最終的解決に導く」と表明した。「六つの保証」は、中国への妥協とも受け取れるこのコミュニケの内容について、当時のレーガン政権が「武器供与の終了期日を定めない」と台湾側に約束する「秘密文書」だった。

米歴代政権は、この二つに基づき、中国を刺激しないよう慎重に台湾政策を運用してきた。ところがトランプ政権は、多くの戦略文書に台湾を明確に書き込むようになった。兵器の台湾供与の記録的多さを含め、米台断交40年の歴史の中でも突出している。2018年の「台湾旅行法」成立に伴い、双方の政権高官の往来も増加している。

トランプは政権発足直前の2016年12月2日、蔡英文と電話会談し「一つの中国」政策の範囲の限度を試すような揺さぶりを北京にかけた。だが米国の「一つの中国」政策の枠組みは維持されており、台湾政策の本質的変化ではなかった。トランプ自身は大統領再選という最優先課題を実現するために、対中冷戦イニシアチブを仕掛けその一環として台湾カードを切っているふしがある。同時に従来の政権が採ってきた慎重な対中政策を転換し、「一つの中国」政策を踏み外しかねない際どい台湾政策に出ているのも事実である。

「中国との衝突」前提にする戦略

台湾政策の「際どさ」は、シャナハン米前国防相代理が2019年6月に発表した「インド太平洋戦略報告」[9]に表れている。報告は「中国との衝突」に備え次の3点を挙げた。

(1) いかなる戦闘にも対応できる米国と同盟国による「合同軍」の編成。
(2) 米中衝突に備え日米同盟をはじめ同盟・友好国との重層的ネットワーク構築。
(3) 中国と対抗する上で台湾の軍事力強化とその役割を重視。

「中国との衝突」を前提に、台湾軍事力強化を強調したのは、歴代米政権がとってきた「中国関与政策」の否定にあたる。ポンペオ国務長官が2020年7月23日に行った対中国政策演説[10]で、対中関与政策を全面否定し、中国共産党体制の転換を呼びかけた主張と通底している。

さらに、米国の台湾支援強化の法的裏付けである「２０２０会計年度国防権限法」も、米国の台湾軍事支援の内容に具体的に踏みこんでいる。同法は「米国と同盟国およびパートナーが、国際ルールの認めるいかなる場所でも飛行、航行できる約束を守る姿勢を示す」とし、「米軍艦が引き続き定期的に台湾海峡を通過するべき」と提言した。

その意図は、日本、台湾、豪州を含む「同盟国」「友好国」とともに、海洋進出を強化する中国への抑止効果にある。日本の役割については別稿[11]をお読みいただきたい。

日本メディアは「米中覇権争い」と、あたかも中国が米覇権に取って代わろうとしているかのように伝える。北京が軍事・経済力の増強を背景に、台湾への圧力を強めているのは事実。だが物事には順序がある。トランプ政権登場以降の台湾テコ入れの強化こそ、台湾海峡の緊張激化を招いた主因である。

揺らぐ米同盟の維持が目的

ではテコ入れ強化を促したものは何か？　アジアの安全保障を専門にする米研究者の分析から探ろう。保守系の米ランド研究所のマイケル・チェイス[12]は、米国の台湾関与について「ワシントンが、中国の圧力戦術に対処する台湾を助けなければ、あるいは中国の強硬策を阻止できなければ、同盟国とパートナー、特に日韓両国は米国が決意と能力を欠いているとみなすだろう」と指摘した。

米国を中心とする同盟関係が中国の政治・経済・軍事的台頭によって揺らいでいること。台湾を支援しなければ、東アジアの米同盟の柱である日本と韓国から足下を見られてしまう。強固な同盟関係を維持するためにも、台湾防衛の強い意思を示さねばならないと説くのである。

チェイスは今後について「10年前と比べ、中国が一方的な行動をとるリスクは高まっている。中国の強制力に対する台湾の対応能力を高める多面的なアプローチが必要」と指摘する。具体的には「抑止力を強化する一方、安定維持のために柔軟性を維持すべき」として、

(1)「一つの中国政策」の枠組み維持。
(2)一方的な現状変更に反対の意思表明。
(3)台湾の世界保健機関(WHO)など国際機関への加盟支援。
(4)オーストラリア・日本を含むパートナーとの台湾の戦略対話交流強化を側面支援。
(5)TPP11への台湾加盟支持。

などを挙げた。

米軍の台湾駐留論も

チェイスもまた台湾政策の第一に、「一つの中国政策」の枠組み維持を挙げる。台湾へのテコ入れを強化したトランプ政権だが、台湾を「国家承認」するような「一つの中国政策」は逸

脱すべきではないという意味である。その上で、トランプの今後の台湾政策を予測すれば、チェイスが挙げた⑵～⑸になるだろう。「一方的な現状変更に反対」は抽象的過ぎるが、米側の対中挑発の大半は、それを理由にしている。

台湾問題は、中国の核心利益にかかわるだけに、中国も簡単に「取引」や「妥協」に応じられない。米中「駆け引き」が台湾海峡に引き寄せられると、米中衝突の危険性は当然増していく。ワシントンも北京も台北も「台湾有事」を望んでいない。米中衝突は常に「核戦争」の危機をはらんでいるからだ。

その一方、「米軍が台湾に部隊を駐留させ中国が武力で台湾統一を図るのを抑止すべき」と提案する米海兵隊大尉の論文が２０２０年９月末、米陸軍大学の雑誌[13]に掲載された。米軍駐留について、「環球時報[14]」は「(駐留)は一つの中国政策の終わりを意味するだけでなく、戦争を意味する」と応じた。

米外交専門誌『フォーリン・アフェアーズ』は９月、米国は台湾防衛に関する「戦略的曖昧」を放棄し、台湾防衛の意図を鮮明にするべきと主張するリチャード・ハース元国防省政策企画局長の論文を掲載した。「戦略的曖昧」とは、「中国の台湾武力行使に対し、対応を明らかにしない」姿勢を意味する。

「戦略的曖昧」放棄せず

しかし、ポンペオ国務長官は10月21日の記者会見で、「我々の台湾政策は変わっていない」と述べ、「戦略的曖昧」の維持を表明した。「戦略的曖昧」は、北京に対しては「一つの中国」政策を維持する安心感を与え、一方台北に対しては「武力で台湾を守る」ことを否定しないことによって、北京の武力行使を抑止する二重の効果があるとされてきた。

米国が台湾海峡での衝突を避けたい理由について、安全保障の米専門家であるダニエル・デービスは「(米国が初戦で勝利しても)『勝利』は高価な代償を強いる。台湾の永久的な防衛維持のために数千億米ドルを支出せざるを得ず、国防予算激増は米国を疲弊させる」と説く。[15] グローバル・リーダーから退場しつつある米国に、もはやそんな力はないはずだ。

同時に中国にとっても、２４００万台湾人の大半が中国との統一を望まない現状で、仮に軍事的に勝利したとしても、その後の「台湾統治」のリスクは果てしなく大きく、統一の果実などない。今、武力統一する客観的条件は全くないと言っていいだろう。

ただ緊張の舞台が台湾海峡からシフトしても、米中衝突の危険が去るわけではない。思い出すのは、２００１年4月1日、沖縄・嘉手納基地を飛び立った米軍電子偵察機「ＥＰ３」が海南島上空で、中国戦闘機と接触し海南島に緊急着陸した事件。

この時は米政権が中国に「お詫び」を表明したのを受け、24人の乗員を引き渡して全面衝突は避けられた。２００１年と比べれば、中国軍の能力ははるかに向上しており、偶発的衝突の危険も増しているのは間違いない。

米軍機の台湾領空飛行も中国戦闘機の中間線越境も、いずれも「挑発」への報復と、相手側の出方をうかがう行動である。ただ中国側は「実戦的訓練」との表現で「実戦」に一歩近づいた印象を与えている。台湾有事における米中の優劣シナリオを安全保障の専門家が描くのは当然であろう。しかし軍事的優劣からのみ台湾情勢を語り、予測するのも危険な方法論だと思う。

(三)「第4次危機」と言えるか？

冒頭では「第4次台湾海峡危機」という表現を使ったが、それは実相を反映しているだろうか。台湾海峡では、1950年代から90年代にかけ計3回にわたって「危機」と呼ばれる軍事緊張が起きた。まずそれらと比較する。

第1次危機は1954～55年。朝鮮戦争休戦協定の調印によって台湾統一に目を向ける余裕が生まれた中国側は、浙江省の島嶼部で攻勢をかけ、国民党軍は支配していた江山島、大陳島を放棄した。

第2次危機は1958年の金門島砲撃戦。当時のアイゼンハワー米政権が、米国の台湾防衛の範囲を台湾本島に限定し、「大陸側島嶼部での攻防には米軍は関与しない」との方針を、中国側が「試した」という見方もある。1次、2次とも北京が「武力解放」を戦略方針にしている時期だった。

第3次危機（1995～96年）は、当時の李登輝総統による初の総統民選に向けて、中国が台湾にミサイル発射演習を実施。これに対し米国は台湾海峡に「ニミッツ」、「インディペンデンス」の2空母機動部隊を急派し、中国側をけん制した。中国が「平和統一」戦略に転換（1979年）してから、初の軍事的緊張だった。

第1と第2次危機が国共両軍による限定的「熱戦」だったのに対し、第3次は熱戦を伴わない米中間の睨み合いという違いがある。しかも李登輝政権下で両岸の経済相互依存関係が強まる時期でもあったから、軍事的緊張は、米中がお互いの出方を試す「虚構」的な印象も拭えなかった。

今回は、中国軍機が中間線を越境、台湾海峡南北端で実戦的演習を行うなど、「第3次危機」に匹敵する軍事緊張が既に起きている。前出の「環球時報」が今後の中国軍の展開として挙げた、①軍用機の台湾上空飛行、②台湾上空を通過するミサイルの試射、③台湾東部海域での演習――が実際に行われれば、米側も新たな軍事的対応を検討するだろう。そんな事態が現実化すれば、「第4次海峡危機」の命名に反対論は出ないはずだ。

中国軍の能力向上

「第4次」危機の特徴を挙げる。まず国際政治の文脈で押さえたいのは、トランプ政権が通

中国の空母「遼寧」（撮影：日本防衛省、2018年）

商からハイテク技術、経済発展方式、軍事、イデオロギーまであらゆる領域で、中国の台頭を抑え込もうとする「新冷戦イニシアチブ」の中から生まれたこと。米中戦略対立の長期化が避けられない以上、トランプ政権が続く限り、台湾海峡での軍事的緊張も「エンドレス」になるかもしれない。

それに加えて幾つかの新たな特徴がある。

第一は中国軍の能力の飛躍的向上。第3次危機から約15年が経ち、中国は空母を保有し、第1列島線を突破する能力を備えるまでになった。同時に「多軍種」、「多方面」、「体系的」、「実戦化」に向けて、中国軍の「統合作戦能力」も格段に向上した。

第二は、軍事的緊張の舞台が台湾海峡にとどまらず、南シナ海からインド洋へと拡大したこと。南シナ海の領有権紛争に加え、米日豪が中国の海洋進出をけん制する舞台を南シナ海、インド洋まで拡大したためであり、緊張の舞台が広域化し、「当事者」も米中台の3者から、日本や豪州、インドへと増えるかもしれない。

中国軍の能力向上を具体的にみよう。

空母「遼寧」は蔡政権が発足した２０１６年末から17年初めにかけ、

台湾を初めて周回する演習を行った。さらに19年6月にも、「遼寧」など6隻の空母艦隊が宮古島を通過。米領グアムに接近した後、南シナ海を経て台湾海峡を通過した。中国初の国産空母「山東」も19年11月に就役、台湾国防部は19年11月17日、フリゲート艦などと艦隊を組んで、東シナ海から台湾海峡を南下したことを確認したと発表している。

「遼寧」の台湾周回は、台湾進攻に備えた演習ではない。実戦能力を誇示し「勢力範囲」の拡大を示すのが狙いであろう。「遼寧」は20年4月11日、やはり宮古島を南下し台湾付近を通過。4月12、22日には台湾南部のバシー海峡を通過し、22〜28日まで太平洋で演習を行った。台湾筋は「(中国が)感染症対応で米台が接近していることを警戒し、軍事的圧力をかけている」と分析した。

この演習については「グアムで検疫期間中だった米空母『セオドア・ルーズベルト』が欠けた状況の米軍の反応を見る狙い」という分析もある。[16]

際どい米爆撃機の飛行

中国空軍の活動も活発化している。中国軍用機の「中間線越境」は、台湾国防部長の10月7日の立法院(議会)報告によると、2020年は延べ49機に上り、1990年以降の30年間で最多となった。

越境の狙いはまず「威嚇効果」。さらに全天候型で長時間にわたる密集訓練だったことから

「実戦を模した訓練にシフトしている」という見方が軍事専門家の間では出ている。

台湾国防部は9月10日、中国軍が9、10の両日台湾南西部の南シナ海で、大規模な海空軍による合同軍事演習を行い、台湾まで90カイリ（約166キロメートル）の地点でも訓練したと発表した。演習には、中国軍戦闘機約30機と艦艇7隻が参加、台湾の防空識別圏（ＡＤＩＺ）に進入した戦闘機は10日と合わせて約40機に上ったという。

この演習は、チェコのビストルチル上院議長ら89人が8月30〜9月4日まで台湾を訪問したことへの「報復」であろう。

一方、米軍の台湾海峡周辺での飛行も頻繁化している。２０２０年5月4、6日、米空軍の新鋭Ｂ-１Ｂ爆撃機2機が、台湾北東空域を飛行した。中国軍が5月14日から2か月半にわたって渤海湾で行うと発表した大型演習への牽制とみられる。

さらに8月16日には同型機が、グアム・アンダーセン空軍基地を飛び立った後、台湾東空域から東シナ海上の中国防空識別圏内を飛行し、その後日本海経由で米本土の空軍基地に戻った。中国が台湾を攻撃するなら米軍もいつでも対応できるというサインであろう。かなり際どい飛行である。

米軍の「挑発行動」はほかにもある。台湾国防部は6月9日、沖縄の嘉手納基地を飛び立った米軍輸送機「クリッパー（C-40A）」が、台湾北部と西部の台湾領空を通過したと発表した。米軍機が台湾領空を通過するのは極めてまれである。

中国が主権を主張する台湾領空を通過することで、中国が主張する「一つの中国」〝原則〟に挑戦する試みとも言え、「挑発行動」と言っていい。これに対し中国空軍機は同日から数日にわたり、台湾南西部から広がる台湾防空識別圏（ＡＤＩＺ）[17]内を飛行する「報復」で応じた。参考までに言えば台湾のＡＤＩＺは、１９５０年代に米軍が引いたもの。ＡＤＩＺは12カイリの領空とは異なり、空域に入ったからといって国際法違反ではなく、関係国が自由に引くことができる。日本と台湾の「ＡＤＩＺ錯綜」については別稿[18]を参照されたい。

南シナ海・インド洋へ広域化

「第4次危機」の第二の特徴は、軍事的緊張の舞台が台湾海峡にとどまらず、南シナ海からインド洋へと拡大していること。中国軍は２０２０年7月1日から、南シナ海の西沙（英語名パラセル）諸島海域と東シナ海、黄海の3海域でほぼ同時に軍事演習を行った。西沙はベトナムも領有権を主張している。中国は4月に南沙（英語名スプラトリー）諸島などを管轄する行政区「南沙区」と「西沙区」の新設を明らかにし、南シナ海の実効支配を強めている。

これに対し米軍は同じく7月初め、空母ニミッツとロナルド・レーガンを南シナ海に派遣し大規模な軍事演習を行い、中国に対抗する姿勢を一段と高めた。米国防総省は7月2日の声明で、中国の軍事演習について「中国が南シナ海の軍事拠点化や近隣諸国に対する威圧を改めると期待しつつ状況を注視する」と発表した。

南沙諸島をパトロールする米軍戦闘艦 LCS-3
（米国海軍、2015 年）

これに対し、中国側は、南シナ海や台湾に近い広東省の沖合などで8月24～29日の日程で軍事演習をすると発表した。一方、米海軍は同月17～31日にハワイで、多国間海上演習「環太平洋合同演習（リムパック）」を行っており、南シナ海での中国軍の演習はこれに対抗する狙いを指摘する中国メディアもある。

中距離ミサイル発射の意味

こうした中、米国防当局者は8月26日、中国軍が内陸部の青海省と、東部の浙江省から南シナ海に向けて中距離弾道ミサイル４発を発射したと明らかにした。ミサイルは南シナ海のパラセル（中国名・西沙）諸島と海南島の間の海域に着弾。香港の「サウスチャイナ・モーニング・ポスト」によると、発射されたミサイルは、グアムの米軍基地を射程に収める「グアムキラー」（DF-26、射程約４０００キロ）と、「空母キラー」と呼ばれる対艦弾道ミサイル「DF-21D」（同１５００キロ以上）。

米国はミサイル発射の26日、南シナ海での軍事拠点建設に関わったとして、中国交通建設の傘下企業など24社を、安全保障上の問題がある企業を並べた「エンティティー・リスト」に27日付で追加すると発表した。米中双方の応酬はエスカレートする一方である。

中国軍の中距離ミサイル発射演習の意図について朱建榮・東洋学園大教授[19]は次の3点から説明する。

（1）台湾独立の試みにかかわる内外の挑発に対し、あらゆる軍事手段を含め必ず反撃する。戦略的兵器であるミサイルの発射も、台湾をめぐる動きへの対応が目的。

（2）南シナ海を含め、ほかの地域や領域では米側からの挑発と仕掛けをかわすことに重点を置き、不測事態の発生回避に努力。

（3）米側の国内政治に由来する思惑にハマらないよう忍耐しているが、中国の我慢の限界デッドラインを越えないよう警告。

最大規模の武器供与

トランプ政権の台湾への武器供も、金額と量で史上最大規模になった。香港発のCNNは2020年8月18日、台湾が米国製のF16V戦闘機66機を調達することが確実になったと報じた。ロイター通信は19年8月16日、トランプ政権が台湾にF16V戦闘機66機を約80億ドル（当時、約8500億円）で売却する方針を固めたと報じており、これが実現することになる。米台間の武器供与では最大規模である。

ＭＱ９無人戦闘機

戦闘機売却はブッシュ（父）政権時代の１９９２年以来、約28年ぶり。Ｆ16Ｖは航続距離が長く中国側基地への攻撃も可能で、台湾の軍事力を大きく高めるとされる。トランプ政権は19年７月８日にも、Ｍ１Ａ２エイブラムス戦車１０８両など22億ドルの武器供与を発表しており、台湾への武器供与を加速している。

トランプ政権の主な武器売却は、①17年６月、対レーダーミサイルなど約14億ドル、②18年９月、軍用機部品など約３億ドル、③19年４月、台湾の戦闘機パイロットへの訓練など約５億ドルで提供、④２０２０年10月、米国務省が、米ボーイング社製の対艦ミサイル「ハープーン」４００発など約23億７０００万ドルの売却承認と発表、⑤大統領選挙当日の２０２０年11月３日、米政府は、攻撃能力を持つ無人機ＭＱ９Ｂ４機など、６億ドルの売却を決め議会に通知――など。

台湾外交部は⑤について「トランプ大統領の任期中10回目、この２週間で３回目の武器提供の決定であり、地域の平和と安定を守る上で一層の能力と自信を台湾に持たせるもの」と、歓迎と感謝を表明した。

台湾海峡通過の日常化

台湾海峡と南シナ海での軍事的緊張を「切れ目なく」つなげる役割を果たしているのが、米軍艦艇の台湾海峡通過である。米軍艦が国際海峡である台湾海峡を通過するのは、国際法上何の問題もない。

しかし第3次海峡危機の際、米空母が台湾海峡を通過して以来、米軍艦の海峡通過は政治性を帯び、台湾防衛に対する米側のデモンストレーションと言っていいだろう。米軍艦艇による台湾海峡通過は、2017年は1回だけだった。だが18年は3回、19年から20年になると毎月1回の頻度と増えている。ミサイル駆逐艦2隻艦隊で航行した事例や、米海軍駆逐艦と沿岸警備艇による艦隊編制もあった。ドック型輸送揚陸艦がP-8哨戒機2機とともに台湾海峡を航行したケースもある。

防衛研究所のリポート[20]は、米空軍航空機は2020年初めから5月10日までに、「南シナ海・東シナ海・黄海・台湾海峡で39回飛行」しており、「2019年の同時期と比較して3倍以上の飛行回数」と指摘している。

（四）米国傾斜強める蔡政権

「第4次台湾海峡危機」とすら言える緊張が漂う中、台湾側はどのような対応をしているのか。

軍事力強化で中国に対抗

蔡英文・台湾総統は2020年1月11日投開票の台湾総統選挙で、過去最多の817万票（得票率57・1％）を獲得して圧勝・再選された。勝利直後の記者会見で、蔡は今後の両岸関係については「平和、対等、民主、対話」の8字からなる4原則で臨み、北京が善意で応えるよう希望すると述べた。

一見、低姿勢で中国との対話再開を求めたように映る。しかし蔡は英BBC放送とのインタビュー[21]（1月14日）で、「（中国との）戦争の可能性は常に排除できない。その準備を十分にし、防衛能力を高めれば、台湾侵略は高い代償を支払うことになる」と、軍事力強化によって、中国に対抗する姿勢を見せた。米中対立激化の中、米国依存を強めることによって中国に対抗する姿勢を一段と鮮明にしたのである。

繰り返すが台湾の現状と将来は、①台湾独立に反対し統一を求める中国、②台湾の民意、③台湾軍事支援を通じ現状維持を図ろうとする米国――の3者の力の相互作用によって決定される。しかし蔡英文は高い支持率（台湾の民意）を背景に「聯美抗陸」（米国と連携し大陸に抗戦する）というアンバランスな路線を選択した。

蔡政権は第1期には、公務員の年金改革など内政改革に傾注し、支持率は一時20%台に低迷。2018年11月に行われた統一地方選では惨敗[22]し、一時は再選すら危ぶまれた。蔡は「台湾独立路線」をむき出しにした陳水扁政権と異なり、第1期には「現状維持」路線を強調して当選した。有権者からみれば、「現状維持」の枠に縛られた台湾社会・経済の在りようは、馬英九政権も蔡英文政権でも大した違いはない。

しかし「現状維持」では、台湾の未来や理想は描けない。特に、独立志向の強い民進党支持者の蔡離れは顕著だった。「現状」に閉じ込められれば「閉塞感」しかなくなる。そんな中、2019年夏に始まる香港抗議デモは蔡にとって「天祐」になった。蔡は「今日の香港は明日の台湾」と、「一国二制度」による統一攻勢を強める中国を批判し、対中警戒と反発を煽る戦術が奏功し再選を果たしたのだった。

「他力本願」の勝利であり、積極的支持を得たわけではないが、「聯美抗陸」路線が高支持率を維持できることに味を占めたのだろう。2期目（2020年5月〜）の蔡は、まるで人が変わったかのように「学者総統」から「反中闘士」へのイメージ・チェンジを図った。

安保協力と米台FTAを最優先

中国を敵視すれば支持率は上がるが、敵視だけでは台湾の将来と生存の保証にはならない。台湾にとって中国は輸出の4割を占める相手であり、大陸は台湾の経済的命脈を握っている。李登輝政権以降の民進党政権は、中国への過度な経済依存は安全保障上のマイナスとして、投資・貿易先を東南アジアなどに分散する「南向政策」をうたってきたが、ことごとく失敗してきた。

大陸との文化的・距離的近さに加え、台湾が得意とするIT分野では、大陸との間で複雑に入り組んだサプライチェーン（部品供給網）があり、これを断ち切るのは簡単ではない。もちろん人口2400万人の島にとって14億市場を失うわけにはいかない。

蔡は2020年8月12日、米保守派シンクタンク「ハドソン研究所」でのテレビ演説で、第2期政権の最優先課題として、「米台安保協力の推進」と並び、米国との自由貿易協定（FTA）交渉推進の二つを挙げた。

中国とのデカップリング（切り離し）を進める米国は、スティルウェル米国務次官補（東アジア・太平洋担当）が8月、台湾との新たな経済対話を創設する考えを明らかにした。これに応え、蔡は8月末、米とのFTA締結に向け米国産牛肉と豚肉の輸入規制を撤廃すると発表した。

トランプ政権はアザー訪台に続き、9月17日にはクラック米国務次官（経済成長・エネルギー・環境担当）を訪台させ、李登輝元総統の葬儀（19日）に参列させた。米台経済協力で注目されるのは、米国が日本、台湾など「信頼できるパートナー」との間でサプライチェーンの再構築を急いでいること。米国在台協会（ＡＩＴ）は9月4日、チェコ上院議長の訪台に合わせ、台北で欧州連合（ＥＵ）、日本の代表機関と共同で、新たな経済連携を目指すフォーラムを開催した。

蔡も9月18日、クラック米国務次官を招いた歓迎夕食会に、半導体世界大手の台湾積体電路製造（ＴＳＭＣ）創業者の張忠謀氏を同席させた。トランプ政権は、米国技術を使い生産した半導体のファーウェイへの売却を禁止しており、ＴＳＭＣは米国に半導体工場を作る方針を明らかにしている。

最大の問題は、経済の対中依存であろう。蔡は経済の脱・中国依存を主張し、大陸の台湾企業の回帰を促し一定の成果は挙げている。しかし２０１９年の対中輸出依存度は約４割と依然として高い。２０２０年第１・四半期に、台湾当局が認可した対大陸投資額は、前年同期比63・８％増の20・１億米ドルと依然高い水準にある。

コロナ禍で台湾経済への悪影響が広がる一方、中国の重要度が見直されると、蔡政権の求心力が揺らぐ可能性もある。蔡は、米国とのＦＴＡ推進のため米国産牛肉と豚肉の輸入規制を撤廃する方針を発表したが、賛成はわずか17・９％に過ぎず、73・７％が「賛成しない」と答えた。[23]

米軍は台湾を防衛しないと馬英九

問題の第二は、トランプ政権との過度な連携は、台湾の長期的利益になるかどうかである。トランプ政権が次々に切る台湾カードは、台湾を「取引の道具」とみなし、その一貫性や本気度には疑念が残る。

蔡もそのことを十分意識しているようだ。台湾メディアによると、蔡は2020年8月5日、主席を務める与党・民主進歩党（民進党）の党内会議で、米中関係の激しい変化が両岸情勢に与える影響について「我々は今の状況をよく見極め落ち着いて対応すべきだ。（米国から）支持を得ても、突き進むことがないようにする必要がある」と冷静な対応を求めたという。

トランプ政権の台湾防衛に向けた本気度については台湾でも常に議論の的になってきた。馬英九前総統は2020年8月10日の講演で、中国による台湾攻撃は「初戦すなわち終戦」であり、「もし戦争が始まれば、それは非常に短時間で終わり、台湾に米軍の支援を待つ機会を与えないだろう。その上、現在、米軍が来るのは不可能だ」と述べた。

馬の見立てが正しいかどうかはともかく、米軍事専門家のダニエル・デービスも、台湾防衛には巨額の財政支出を米国に強いるため、コスト・パフォーマンスが悪いという経済的側面からの否定論を展開していることを改めて指摘しておく。

南西諸島が戦場に？

日本の自衛隊関係者からも、米軍の対応について同様の見解が示されたことがある。

海上自衛隊の幕僚長を16年7月まで務めた岩田清文氏は、日米安保協力について興味深い発言をしている。17年9月16日付の「共同通信」電によると、岩田氏はワシントンのシンポジウムで「米国が南シナ海や東シナ海で中国と軍事衝突した場合、米軍が米領グアムまで一時移動し、沖縄から台湾、フィリピンを結ぶ軍事戦略上の海上ライン『第1列島線』の防衛を、同盟国の日本などに委ねる案が検討されている」と明らかにした。

岩田はさらに「米軍が一時的に第1列島線から下がることになれば、日本は沖縄から台湾に続く南西諸島防衛を強化する必要がある」と訴えた。かみ砕いて言えば、米中有事の際は、安保関連法に基づき、日台が協力して中国軍に対峙することがシナリオの一つに挙げられていることを意味する。

これは「台湾有事」の場合も同様であろう。南西シフトした自衛隊が、台湾とともに中国軍と正面衝突することを想定するシナリオでもある。その場合、先島諸島と沖縄本島、奄美にある米軍と自衛隊基地が、中国の標的になり「戦場」と化す可能性は高い。

これは「中国が攻めてきたらどうする」という問題設定から、日本も軍事力強化によって抑止力を持つべきという回答を引き出すべき課題ではない。「中国との関係改善こそ日本がとりうる唯一の選択肢。軍事力を強化して対抗していくことは賢明な策とは言えない」（米国の国

際政治学者　イアン・ブレマー）。[24] 台湾有事や米中衝突を避け、日本が巻き込まれないために、日本がどのように外交努力すべきかが問われている。

注

1　台湾「聯合新聞網」２０２０年9月21日「衝突回避に向け国軍が自衛反撃権に改訂」
https://udn.com/news/story/10930/4875930?from=udn-catelistnews_ch2

2　厦門大学台湾研究院ホームページ　２０２０年8月19日「新華社：台独に反対する強い決意（新华社：专家称东部战区演练彰显反对〝台独〟分裂和外部势力干涉坚强决心）」
https://gifts.xmu.edu.cn/2020/0821/c14278a411990/page.htm

3　「二国論」：李登輝総統は１９９９年7月にドイツのラジオ局「ドイチェウェレ」とのインタビューで中台関係を「特殊な国と国の関係」と規定、「１９９１年の憲法修正後、両岸関係は特殊な国と国の関係となった」「現在は一つの中国は存在しない。将来、民主的に統一されて初めて『一つの中国』が可能になる」などと述べた。
「一辺一国論」：陳水扁総統は２００２年8月、世界台湾同郷聯合会第回東京年会での談話で、「台湾と対岸の中国は一辺一国と明確に分かれている」と述べた。

4　王在希预测未来４年　两岸关系冷对抗但不会摊牌
http://www.huaxia.com/jjtw/dnzq/2020/01/6340162.html

5　「中国時報」２０２０年7月13日「〈《上海東亜研究所・章念馳所長》両岸関係の新たな出口を模索す

る（《两岸重开机系列一：章念驰》找出两岸关系新出路）」
https://www.chinatimes.com/cn/opinion/20200713003473-262104?chdtv

6　「中国評論新聞」２０２０年7月21日「陳孔立：章念馳にどんな罪があるのか？（陈孔立：章念驰何罪之有？）」
http://bj.crntt.com/doc/1058/2/9/1/105829149.html?coluid=1&kindid=0&docid=105829149&mdate=0721110004

7　「台湾関係法」：カーター米政権による１９７９年１月１日の米中国交正常化と台湾断交を受け、米議会が79年４月、台湾に防衛兵器の供与継続などを約束し、米国の台湾問題に対する影響力を維持する目的で制定。同法は、①北京との外交関係樹立は台湾の将来が平和的手段で決定されるとの期待に基づく、②台湾の将来を非平和的手段により決定しようとする試みは西太平洋地域に対する脅威とみなす、③台湾に防衛的性格の武器を供給する、④アメリカは台湾の人々の安全や経済体制を危険にさらすいかなる武力行使または他の形による強制にも抵抗する能力を維持する、⑤台湾のすべての人々の人権の保護および増進は、これによりアメリカの目的として再確認されること――などの規定が盛り込まれた（出典ブリタニカ国際大百科事典 小項目事典）

8　「六つの保証」：レーガン米政権が１９８２年８月17日、シュルツ米国務長官が在台協会台北事務所長に送った台湾政策の方針。米国在台湾協会（ＡＩＴ）は２０２０年８月31日、同ウェブサイト上に、米政府による「六つの保証」に関する国務省の機密文書の全容を掲載した。
(1)　台湾への武器供与の終了期日を定めない。
(2)　台湾への武器売却に関し、中国と事前協議を行わない。
(3)　中国と台湾の仲介を行わない。

（4） 台湾関係法の改正に同意しない。
（5） 台湾の主権に関する立場を変えない。
（6） 中国との対話を行うよう台湾に圧力をかけない。

9 米国国防省　２０１９年６月１日「インド太平洋戦略報告（INDO-PACIFIC-STRATEGY-REPORT）」
https://media.defense.gov/2019/Jul/01/2002152311/-1/-1/1/DEPARTMENT-OF-DEFENSE-INDO-PACIFIC-STRATEGY-REPORT-2019.PDF

10 「The National Interest」２０２０年８月６日「米国は、中国の台湾侵略をうまく撃退できるか？（Can America Successfully Repel a Chinese Invasion of Taiwan?）」by Daniel L. Davis
https://nationalinterest.org/blog/skeptics/can-america-successfully-repel-chinese-invasion-taiwan-166350

11 「ＢＵＳＩＮＥＳＳ　ＩＮＳＩＤＥＲ」２０１９年９月20日「空母化する『いずも』の訓練実態」
https://www.businessinsider.jp/post-199059

12 Council on Foreign Relations　２０１９年２月26日「両岸の危機を回避する（Averting a Cross-Strait Crisis）」
https://www.cfr.org/report/averting-cross-strait-crisis

13 米陸軍大学「Military Review」２０２０年９—10月「ドラゴンを抑えよ——台湾での米軍再駐留（Deterring the Dragon: Returning US Forces to Taiwan）」
https://www.armyupress.army.mil/Journals/Military-Review/English-Edition-Archives/September-October-2020/Mills-Deterring-Dragon/

14 「環球時報」２０２０年９月24日「米軍が台湾に再駐留？　それは戦争を意味する」

https://opinion.huanqiu.com/article/400zVQfNA2Y

15　前出、本章脚注10。

16　防衛研究所「ＮＩＤＳコメンタリー」２０２０年6月16日　門間理良「緊迫化する台湾本島周辺情勢【2】高まるバシー海峡・東沙島の地政学的重要性」
http://www.nids.mod.go.jp/publication/commentary/pdf/commentary124.pdf

17　海峡両岸論第42号　２０１３年12月12日「海と空の共同管理が狙い　中国の防空識別区設定」
http://21ccs.jp/ryougan_okada/ryougan_44.html

18　海峡両岸論第13号　２０１０年６月24日「メディアに蠢くナショナリズム　普天間決着に利用された中国艦隊」
http://21ccs.jp/ryougan_okada/ryougan_13.html

19　一般社団法人アジア連合大学院機構／ＧＡＩＡ機構「討論西遊」２０２０年9月2日　朱建栄「異なる視点論点⑬『制御可能な衝突』を仕掛けるトランプに、中国が『戦略周旋』新戦略」
https://gaia2020.org/wp-content/uploads/088fa92ea34bc52aeff7df6145a8a6bf.pdf

20　前出、本章脚注16。

21　「ＢＢＣ日本語版」２０２０年1月15日「蔡総統、『中国は台湾を尊重すべき』　ＢＢＣ会見」
https://www.bbc.com/japanese/51115825

22　海峡両岸論第97号　２０１８年12月19日「無党派・ミレニアルが将来を左右　台湾地方選から民意動向を読む」
http://21ccs.jp/ryougan_okada/ryougan_99.html

23 「美麗島」デジタル版、２０２０年８月31日「２０２０年８月国民世論調査（美麗島民調：２０２０年８月國政民調）」

http://www.my-formosa.com/DOC_160950.htm

24 「朝日」２０１８年８月22日朝刊「（インタビュー）Ｇゼロの世界の先　国際政治学者、イアン・ブレマーさん」

https://www.asahi.com/articles/DA3S13645513.html?iref=pc_ss_date

第五章　北朝鮮――米中綱引きと協調

「米国第一」を掲げ、パリ協定をはじめ、ユネスコ、世界保健機関（WHO）、環太平洋連携協定（TPP）など、国際協調枠組みから次々と離脱したトランプ政権。トランプ外交の大半は否定的評価で占められているが、唯一の例外が朝鮮民主主義人民共和国（北朝鮮）の金正恩・朝鮮労働党委員長との歴史的な首脳会談だった。2018年6月12日シンガポールで行われた首脳会談では、「朝鮮半島の非核化」を約束した金に対し、トランプは「北朝鮮の安全を確約」し、事実上の体制保証を与えた。

東アジアで色濃く残る冷戦構造に風穴を開ける動きと期待されたが、その後2回の会談と接触は物別れに終わり、地殻大変動への期待はしぼんだ。トランプ外交の「受益者」とも言える北朝鮮にとって、バイデン政権下での首脳会談はほぼ期待できず、米朝関係も仕切り直しを迫られる。シンガポール会談を導入部に、米中戦略対立の中の北朝鮮の位置と、中国の対北朝鮮戦略を整理する。

2018年6月10日　米朝首脳会談・シンガポール
（撮影：Basile Morin(CC BY-SA 4.0)）

核・ミサイル政策の勝利

「はっきり言って大勝利です」。シンガポール会談直後、在京の北朝鮮関係者は息を弾ませながら、その成果を筆者にこう話した。米朝共同声明によると、金は「朝鮮半島の非核化」を約束する一方、トランプは北朝鮮が渇望する「北朝鮮の安全を確約」し、事実上の体制保証を与えた。事前に報じられた朝鮮戦争の「終結」宣言こそなかったが、北側は「ミサイルのエンジン実験場の破壊」を約束。トランプは「米韓演習の中止」を表明し、安全保障面でもお互いに「善意」を示し歩み寄った。首脳会談に先立ち、金正恩と2回にわたって首脳会談し関係改善した中国の習近平政権の主張とも一致しており、北京も平壌の「後ろ盾」の役割を十二分に発揮した。

北朝鮮の国営、朝鮮中央通信社は、両首脳が「朝鮮半島の非核化を成し遂げる過程で、段階別の同時行動原則を順守することが重要だという認識をともにした」[1]と伝えている。米政府はこれまで非核化について「完全かつ検証可能で不可逆的な非核化」（ＣＶＩＤ）を要求していたため、「段階的、同時行動原則」をうたったのは、トランプ側の明らかな譲歩だった。

なぜ平壌は「大勝利」したのか。先の北朝鮮関係筋はこう語る。

「まず米朝の力の変化。北朝鮮がアメリカ大陸まで届くミサイルと核を保有する国になったことが大きな背景です。切羽詰まって直接対話に応じたのはワシントン。トランプは全面的に譲歩せざるを得なかった」

祖父の金日成主席、父親の金正日総書記が進めてきた核・ミサイル開発を完成させ、事実上の核保有国のステータスを獲得したからこそ、長年の主張である米朝直接交渉が実現し、譲歩を勝ち取ったという論理である。北朝鮮にとって核は、米国の軍事攻撃を思いとどませる抑止力であると同時に、交渉に引き出すためのカードだった。

非核化は段階的、同時並行で

繰り返すが、共同声明には、米側の主張だった「完全かつ検証可能で不可逆的な非核化」（ＣＶＩＤ）は盛り込まれず、トランプも「完全非核化には技術的に長い時間がかかる」と記者会見で認めた。最大50発の核を保有するとみられる北朝鮮に、いきなりＣＶＩＤを適用するのは、そもそも「無理筋」であろう。「非核化」は「包括的枠組み合意」であり、その後の

米朝首脳会談
第1回　2018年6月12日（シンガポール）
第2回　2019年2月27―28日（ベトナム・ハノイ）
（非公式　2019年6月30日（板門店））

米中首脳会談

「実務協議」でも進展していない。そして2019年2月27、28両日、ベトナムのハノイで開かれた第2回首脳会談でも、非核化と制裁解除をめぐって対立が解けず、合意文書の発表もないまま物別れに終わった。

体制保証は「口約束」に過ぎない。「思い付き」と「変わり身の早さ」で知られるトランプ氏のことだ。平壌からすれば、停戦協定の平和協定への移行や国交正常化など、政権が変わっても有効であり続ける不可侵のシステムを構築しなければ安心できない。

前出の関係筋は「米朝合意の基礎は、韓国大統領府国家安保室長が2018年3月に訪朝した際、正恩氏が『米国の脅威がなくなれば、核を保有する理由はない』と語ったことに象徴的に表れています」と話し、「段階別、同時並行原則」のプロセスで、平和協定への移行など体制保証の具体措置が導入されれば、非核化へ向けた具体的な取り組みに着手するとみる。

米中パワーシフトの磁場に

シンガポール会談が実現するまでの半年、南北コリアと米中の4か国による激しい外交駆け引きが展開されてきた。

第一は南北コリア。膠着状態に風穴を開けたのは「何としても戦争だけ

中朝首脳会談	
第1回	2018年3月25～28日（中国・北京）
第2回	2018年5月7～8日（中国・大連）
第3回	2018年6月19日（中国・北京）
第4回	2019年1月7～9日（中国・北京）
第5回	2019年6月20日（北朝鮮・平壌）

中朝首脳会談

は防ぐ」として、軍事行動に協力しない姿勢を貫いた文在寅・韓国大統領。それに正恩氏が乗った「南北協力」の成果だった。大国間の利益の草刈り場になってきた朝鮮半島で、「南北コリア」が初めて主役になった。

第二に中朝関係。習近平時代に入り中国は平壌への制裁強化を厳格に執行した。2018年夏には、米国防総省の制服組と協力して有事の際の「北の核管理」や「難民収容」に向けて、中朝越境行動シナリオすら描き、中朝関係は冷却化した。しかし、金正恩の二度の訪中（18年3月25～28日北京、5月7～8日 大連）によって、中朝関係は「伝統的友好関係」を取り戻した。

第三は米中関係。トランプは大連での第2回中朝会談後の5月半ば、これまでほめちぎってきた習近平国家主席を「世界一流のポーカープレーヤー」と皮肉った。「北朝鮮の姿勢変化は、中国が影響力を行使したため」と言わんばかりだった。

一方、習の対米、対北朝鮮政策は、①関税引き上げや台湾問題、南シナ海問題で、米国は中国に一連の敵対措置を打ち出しており、中国は近隣諸国との関係強化で対抗する、②中国自身の利益のためにも朝鮮問題で中心的役割を演じる――ことにある。
朝鮮問題は、パワーシフト（大国間の重心移動）の磁場となり、米朝の背後で、米中は勢力消長をかけた綱引きを演じている。「北朝鮮が中国以上に米国と親密になるのは悪夢」というのが中国の本音。北朝鮮が米国傾斜するのは容認できない。曖昧な「枠組み合意」は、中国にとり歓迎すべき結果だった。

米中確執が背景――迷走した首脳会談

シンガポール会談実現の直前、朝鮮半島情勢は半日ごとに転変し、迷走し続けた。トランプ大統領は18年5月24日、首脳会談の中止を発表。慌てた北朝鮮の金正恩委員長は、南北首脳会談で米朝会談での「確固たる意志」を表明すると、トランプ氏も予定通りの開催姿勢に戻った。いったい何が超大国のリーダーを迷走させたのか。注目すべきは、北朝鮮の主張を支持し「後見役」として影響力を強める中国の存在である。

トランプ氏は中止理由として、①ペンス副大統領を「マヌケ」とののしった北朝鮮外務次官談話は「敵対心の表れ」、②シンガポール予備会談に北朝鮮は人員を派遣せず、③豊渓里《プンゲリ》核実験場爆破に専門家を立ち会わせず――を挙げた。どれも本当だろう。特に①の挑発発言はトランプ大統領の性格からみれば「カチンときた」に違いない。

首脳会談開催に暗雲が立ち込めたのは、新冷戦派のボルトン大統領補佐官が5月13日、北朝鮮の非核化は、核開発放棄後にカダフィ政権が崩壊した「リビア方式」を採用すべきと述べたのが契機。北朝鮮は猛反発し、金桂冠・第一外務次官は5月16日、首脳会談取りやめを示唆したのだった。

このころから、トランプ発言に「中国の影」がつきまとい始める。これまでほめちぎってきた習近平・中国国家主席を「世界一流のポーカープレーヤー」と皮肉った。5月7、8の両日、大連での第2回中朝首脳会談後からは「北朝鮮の態度変化は、中国が影響力を行使したため」と言わんばかりに「習介入」を批判したのだった。

「ノーベル平和賞」のおだて

迷走させたもう一つの要因は、トランプ氏自身の性格と側近同士の確執。トランプ氏自身はシンガポール会談に前のめりだった。18年3月8日、訪米した韓国高官から正恩氏が米国に会談を持ちかけたと聞かされ「直感で」受け入れた。「ノーベル平和賞」というおだてに満更でもない表情を見せ、北朝鮮に核放棄を実現させれば「歴代大統領の誰もやったことがない」と自慢できる。

低迷する支持率も上がり、秋の中間選挙にもプラスに働くチャンスだ。この間の外交駆け引きで、拘束されていた韓国系米国人3人の解放（5月10日）と、豊渓里《プンゲリ》の核実験場の「廃棄」という果実も勝ち取った。

側近同士の確執とは、正恩氏と二度会談したポンペオ国務長官と、「先制攻撃は当然」と主張するボルトン大統領補佐官の対立だ。会談中止は「ポンペオ氏の対話路線が気にくわないボルトン氏が巻き返した結果」とみる米政府関係者は少なくない。

非核化は米中の利益が一致

中国の影響力に話を戻す。確かに第2回中朝首脳会談以来、中朝両国では関係改善と緊密化に拍車がかかった。朴泰成・朝鮮労働党副委員長ら党地方組織のトップが参加する参観団が18年5月14日から10日間にわたり、上海や西安、浙江省杭州を訪れハイテクや農業などを見学、習主席や地方政府トップとも面談した。

金正恩氏は4月の党中央委総会で経済建設に集中する新路線を発表。参観団も「全ての力を経済発展と生活の改善に注ぐ」と表明した。中国が北朝鮮の経済発展を側面支援する姿勢は明らかであろう。

中国は2017年9月、国連安保理が採択した北朝鮮への経済制裁を厳格に実行していると自負してきた。事実、中国の北朝鮮からの輸入は大幅減が続き、18年1～4月の輸入額は前年同期比87%減。その一方中朝国境地域では人や物資の往来が活発化し、中国側では輸入禁止の北朝鮮産商品が並び、制裁にほころびがみえ始めているとの報道もある。

しかし関係改善が進んだと言っても、1960年代のような「同盟関係」が復活するわけではない。北朝鮮は2017年5月から中国への名指し批判を始めた。一方、中国側も同年9月9日の北朝鮮建国記念日に、習氏は祝電を平壌に送らなかった。関係改善は、非核化で中朝の利益が一致したからである。一方のトランプ政権にとって米朝接近は、米中対立の中で北朝鮮を中国の影響から引き離そうとする戦略的意図もあった。

非核化で当事者意識欠落

北朝鮮の非核化に関する当時の安倍政権の対応を少し振り返っておこう。5月24日のトランプの会談中止発表を受け、菅義偉官房長官は「重要なのは会談の開催自体ではなく、核・ミサイル、拉致問題の解決に向けて前進すること」というコメントを発表した。

北朝鮮との対話路線に反対し続け、非核化問題で「蚊帳の外」に置かれてきた安倍政権が、まるで中止を喜んでいるようなコメントだった。さすがにまずいと思ったのか安倍首相は訪問先のロシア・サンクトペテルブルクで「中止は残念だが、トランプ米大統領の判断を尊重し支持」するとトーンを変えた。

迷走が続いていた25日、自民党は政府が年末に策定する防衛大綱への提言をまとめ、北朝鮮や中国を念頭に「安全保障環境が戦後最大の危機的状況を迎える」と位置付け、空母の保有や地上配備のイージスアショアの配備を求めた。朝鮮半島の核問題が場合によっては核戦争を招きかねない危険をはらんでいるのに、東アジアの平和につながる対話を支持するどころか、緊張状態の維持こそが利益と言わんばかりの姿勢は、非核化問題で、日本政府が当事者意識を完全に失っていることをさらけ出した。

在韓米軍撤退問題で駆け引き

金正恩委員長が中国・大連を訪れ、習近平・国家主席と会談した第2回中朝首脳会談では、在韓米軍撤退問題が中朝間の争点として浮上した。習が金に「対米傾斜しないよう」くぎを刺したとの報道もあった。

在京の北朝鮮関係筋はこうした観測について、「平壌は在韓米軍撤退を求めないでしょう」と筆者に語り、柔軟姿勢への転換を示唆した。一方中国は、在韓米軍存続は、中国を敵視する地上配備型ミサイル迎撃システム（THAAD）配備の固定化につながるとして強く警戒する。米朝首脳会談の焦点は、朝鮮半島非核化と並び、南北コリアが要求する休戦協定を平和協定に替えること。その場合、朝鮮戦争を契機に北朝鮮をにらんで韓国に駐留してきた2万8000人の米軍基地が大きな焦点になる。北朝鮮は従来、在韓米軍の撤退を要求し続けてきた。

しかし最近、

(1) 北を攻撃する性格の変更

(2) 法的位置づけの変更

を条件に、撤退自体は要求しない姿勢を示している。文在寅韓国大統領と近い李起豪・韓信大教授は18年3月末、東京で開かれたシンポジウムで筆者に対して「金正恩氏は在韓米軍撤退を主張しないのではないか」との見通しを明らかにした。北朝鮮関係筋の発言もこの見方を裏付ける。

縮小の検討指示も

在韓米軍撤退問題も、バイデン政権誕生で「遠い過去の話」になったような印象がある。しかし朝鮮半島の地政学上の地位を考える上で、今後も米中間、南北間の争点になる可能性が常にある。その意味では2018年の動きを記憶にとどめるのは意味があるだろう。

トランプは、4月初めのポンペオ国務長官（当時は中央情報局長官）の訪朝以来、金氏を「尊敬に値する」などと評価する発言を始めた。その背景には、金正恩がポンペオを通じ、地上軍撤退を要求しないなど、核問題でのかなり柔軟な姿勢を米側に伝えた可能性がある。

米「ニューヨーク・タイムズ」は5月3日、トランプ氏が在韓米軍縮小の可能性を検討するよう国防総省に指示したと報じた。完全撤収はしないものの北朝鮮と平和協定を締結すれば、現在の規模を維持する必要がなくなるという論理だ。ボルトン大統領補佐官は報道を否定したが、「縮小検討」は、平壌の譲歩に対する善意の表明の可能性が高い。

核・ミサイル開発を急いだ北朝鮮に対し、習近平政権は人民解放軍が越境し北の核を管理するのを視野に入れたシナリオを描いたほどだったが、3月末の金氏の電撃訪中で関係改善にこぎつけた。朝鮮半島の核問題に対する中国の政策は、①米朝直接対話の実現、②休戦協定の平和協定への転換、③米朝国交正常化による平和構築――など、平壌の主張とほぼ重なっている。

「3不原則」で中韓改善

大連会談では、朝鮮半島の核廃絶に向けた「ロードマップ」を突き合わせ、中朝協調姿勢を確認したのは間違いない。だが中朝間にも対立がある。安全保障問題では、地上配備型ミサイル迎撃システム（THAAD）配備問題である。中国とロシアは、両国を射程に収める配備に強く反対。中国は配備を容認した韓国に対し、1年以上にわたり中国人観光客のボイコットや韓国系スーパーマーケットの閉鎖などの「経済報復」に出た。

その中韓両国は17年10月末、

(1) THAADの追加配備はせず、
(2) 米国のミサイル防衛（MD）システムに参加せず、
(3) 日米韓安保協力は軍事同盟に発展させず――

の「3不原則」を確認し、関係改善で合意した。延期されてきた日中韓首脳会議が東京でようやく実現したのも、この中韓関係改善があったからだった。

習からすれば、米朝がTHAAD配備問題を棚上げしたまま、在韓米軍の駐留で合意するのは容認し難い。THAAD配備を容認する「平和協定」には、ハンコは押せない。台湾中央通信は、大連の中朝会談について習は金に対し「米朝会談では簡単に米国に傾斜してはならず、米国を使って中国を牽制してはならない」と、くぎを刺したのではないかとの見方を伝えた。

2018年5月の第2回中朝首脳会談の会談場所になった大連の海辺
撮影：著者

経済専念路線に転換

先に引用した在京北朝鮮関係筋は、「トランプ氏と金委員長は気が合うのではないか。2人とも太っ腹だ」とみる。さらに2018年4月の朝鮮労働党中央委員会総会での金氏の演説内容で特筆すべき内容として、

(1) 米国との直接対話は、核・長距離ミサイルと経済改革の並進路線戦略の成果。
(2) 金正日氏が1995年1月以来進めてきた先軍政治の終了宣言。
(3) 演説では科学者、教育者を「革命の主力」と強調しており、今後は経済建設に専心する路線変更の表れ。

と分析した。

非核化について同筋は「現在と将来の実験中止を約束した内容であり、既に開発している核の放棄を言っているわけではない。その意味では、事実上の核保有宣言でもある」と指摘し、

米朝会談では、「核保有国」としての立場が出発点になるとしている。

朝鮮戦争70周年で反米演説

米大統領選挙が終盤の山場に差し掛かった２０２０年10月23日、習近平は北京の人民大会堂で開かれた、中国軍の朝鮮戦争（１９５０～53年）参戦70周年を記念する大会で「帝国主義の侵略を食い止め、新中国の安全や、アジアと世界の平和を守った」と演説した。[2] 米国への名指しこそ避けながらも、トランプ政権の対中攻撃について「封鎖や、極限まで圧力をかけるやり方は通らない」とし、「いかなる覇権も必ず袋小路に入る」と強く非難した。

米国に立ち向かった「抗米援朝」精神を今に引き継ごうとする意思が、久々の「反米演説」になったのである。大会に北朝鮮高官は出席しなかった。長期化する米国との戦略的対立の中、国民に「自力更生」の精神で「対米闘争」に立ち向かうよう求める「内向き」大会だった。ここでは、米朝首脳会談が望み薄になったバイデン政権の下で、中国が北朝鮮との関係をどう考えているのかを整理したい。

同盟は復活強化と解放軍系研究者

歴史的な米朝首脳会談の結果ほど、立場と視点によって評価が１８０度異なる合意はない。会談が東アジアにもたらす変化に、「同盟」という補助線を引いてみると、霧が晴れるようにみえてくるものがある。

ヒントを与えてくれたのは、金正恩が3度目の訪中（18年6月19日）の直後に、来日した中国人民解放軍系の研究者だった。彼は形骸化したとみられている「中朝同盟」について「2021年の同盟更新期に、中国が北朝鮮に核抑止力（核の傘）を与えるなど、安全保障協力が強化されるだろう」と、同盟が「復活強化」されるとの見通しを明らかにしたのだ。

彼は解放軍系の研究者であり、習政権を代表する立場にはない、しかし彼の口から「核の傘」という言葉が出てくるとは……。一瞬耳を疑い、同行した旧知の別の研究者に、発言の確認を求めたほどだった。

解放軍系研究者は続けて、「北の非核化の意思は明確。経済建設への戦略転換をしたのだ。核を失えば中国の核の傘に頼るしかない」と、平壌が中朝同盟に頼ろうとする思惑を分析した。

中朝は3回の首脳会談で「伝統的友好関係」を回復したが、同盟復活はないとみるのが通説化していた。中国自身も冷戦終結後は、「共通敵」の存在を前提に成立する同盟関係は結ばず、各種の「パートナー協定」を外国と結んできた。同盟が「復活強化」されれば、米国との「パワーシフト」（大国間の重心移動）の中、習近平政権が本格的に平壌に肩入れし、朝鮮半島問題は再び米中対立の磁場になってしまう。

「国際秩序壊す」合意

米朝合意に対する日米「エスタブリッシュメント」の評価は極めて低かった。例えば藤原帰一東大教授は「北朝鮮との関係改善を核廃棄より優先することによって、短期的には核保有国として北朝鮮を認める危険を冒した」と批判する。[3]

そして、米国主導の国際秩序は「同盟と自由貿易を主導し他国がそれを支えることで成り立ってきた」とし、米国が同盟関与から離れるなら「各国が単独行動に走り、国際関係を不安定にする危険が生まれる」と分析した。

彼が言う「国際秩序」とは、東アジアで言えば、冷戦後も続く日米同盟、米韓同盟など、米国とアジア諸国との同盟関係で成立する秩序であろう。しかし米一極支配が後退した背景は、経済力低下に加え、1952年に確立した「サンフランシスコ条約体制」の「ほころび」にあったはずだ。

共産主義の防波堤だった韓国、台湾、ASEAN諸国にとり、経済的に台頭する中国と安定した関係を築くことが、発展の必要条件になった。つまり中国を「仮想敵」として成立する同盟関係は間尺に合わなくなったのである。「ほころび」とはそういう意味であり、現に文在寅大統領は米韓同盟より、南北関係を優先して今回の対話路線のプロデューサー役を果たした。朝鮮半島のみならず、台湾や南シナ海で起きている事態を、同盟構造をめぐる米中のせめぎ合いという視点からみるのは可能である。

中朝関係へ「くさび」

　ではトランプはなぜ、非核化より北朝鮮との関係改善を優先し、米韓合同演習の中止決定や、在韓米軍の縮小や撤退にまで言及したのだろう。彼は会談後「北朝鮮の核の脅威はもうない」とツイートした（2018年6月13日）。これを聞いて一瞬、「トランプを見直してもいい」という気になった。軍事力ではなく、外交力によって脅威を減らせる見本になるかもしれない、と考えたからだ。

　しかしそれはあまりにもナイーブ過ぎる。昨日まで「ちびのロケットマン」と呼んでいた金正恩を自分に引き寄せることによって、米日韓同盟のゆらぎの「穴埋め」をしつつ、中朝接近にくさびを打ちこむ両方の狙いがあったと思う。これまたトランプ一流の「ディール外交」であろう。

　トランプが投げた「譲歩」のボールを、習近平はどう打ち返したか。3度目の中朝首脳会談（18年6月19日）の内容をみよう。新華社通信によると、習はシンガポール会談を、朝鮮半島の非核化と平和構築で前向きな成果が得られたと「高く評価」した。「国際情勢がどう変化しようと、中朝関係を強固に発展させる断固たる立場は不変であり、これまで通り（中国は）建設的な役割を果たす」と、「後ろ盾」の役割を今後も果たし続ける意思を鮮明にした。

　これが習の打ち返した「中朝蜜月」のボールであり、3回目の中朝首脳会談で北京が誇示したかったものだった。習はわずか半年前まで「口を極めて非難」していた平壌を、心から信頼

Donald J. Trump
@realDonaldTrump

Just landed - a long trip, but everybody can now feel much safer than the day I took office. There is no longer a Nuclear Threat from North Korea. Meeting with Kim Jong Un was an interesting and very positive experience. North Korea has great potential for the future!

ツイートを翻訳

午後6:56 · 2018年6月13日 · Twitter for iPhone

1.7万 件のリツイート　5,477 件の引用ツイート　8.8万 件のいいね

トランプ大統領のツイート（2018年6月13日）
（https://twitter.com/realDonaldTrump/status/1006837823469735936のスクリーンショット）

しているわけではない。北京にとって、米朝関係が改善し中朝関係以上に「緊密になるのは見たくない悪夢」なのだ。

「主体思想」は放棄？

それにしても中朝同盟の「復活強化」とは……。頭がくらくらする。

中朝同盟とは何か。「中朝友好協力相互援助条約」は1961年7月調印された。20年ごとに自動更新され、2021年に3回目の更新に入る。「一方が武力攻撃を受けた場合、他方は軍事支援を与える」とする「参戦条項」があるものの、中国では「既に形骸化している」「軍事条項は見直すべき」とする声が主流だった。

祖父と父親からの懸案だった「米朝直接協議」にこぎつけた金正恩の戦略は、休戦協定を平和協定に替え、アメリカと国交正常化することによって体制保証を得ること。それに加え、「中国の影響力から脱する」祖父の「主体《チュチェ》思想」実現にあったはずだ。

解放軍系研究者にそう問うと「主体思想は放棄したと思う。リーマン・ショックで明らかになった米国主導の資本主義世界は行き詰まった。北朝鮮は中国の経済改革に学びながら、社会主義国家として生き残る道を選んだ」という解説が戻ってきた。

さらに「ベトナムも戦火を交えた米国と関係正常化したが、独自の社会主義の道を歩んでいる」と付け加えた。北朝鮮が米国と関係正常化しても、「西側世界」に入るわけではないという自信でもある。

中国の「核の傘」

続けて彼は「北の非核化の意思は明確。経済建設への戦略転換をしたのだ。核を失えば中国の核の傘に頼るしかない」と繰り返すのだった。北京の「核の傘」に入るかどうかは別にしても、同盟の復活強化は平壌の強力な対米カードになる。

米国と関係改善し体制保証を得る一方、中国とも同盟を復活強化し生き残りを図る。一見矛盾するようにみえる構図だが、平壌を主語にすれば単純な論理だ。対立を深める米中関係の中でバランスをとりながら、生存空間を広げる外交である。

中国が「核の傘」を与える――。思い出すのは東西両陣営がそれぞれ、米ソの「核の傘」という抑止力を信じて生きてきた「米ソ冷戦時代」だ。ただ中国が核の傘を提供したからと言って、それをもって「米中新冷戦」と言えるかどうかは別問題であろう。中国が北朝鮮に「核の傘」を供与するという解放軍系の研究者の見立ても、バイデン政権登場によって崩れてしまったというべきだろう。

では「伝統的友好関係の復活」は当面、機能し続けるのだろうか。

それは中国の「後ろ盾」を利用し、米国から譲歩を引き出す「戦術的合意」と見るのは可能だ。中国という強力な磁場から離れ「衛星国にならない」ことを目指す主体思想を簡単に放棄するだろうか。金正恩は一連の外交で、旧来のスタイルを脱皮する「新思考外交」を模索しているようにみえる。しかし主体思想は、北朝鮮の地政学的位置と中朝の歴史、さらに儒教的な家父長制という文化的伝統の反映でもあるだけに、簡単に否定できない。

新秩序構築に中国が関与へ

3回にわたる金正恩訪中を受け、習近平は19年6月、北朝鮮を初訪問した。中国の対北朝鮮ポジションを見る上で欠かせないのは、習が訪朝に先立ち、北朝鮮労働党の機関紙に寄稿した文章。習はこの中で朝鮮半島問題について「恒久的な安定を実現するための遠大な計画を一緒に作成する用意がある」と書く。[4] ポイントは「遠大」という表現である。それは、休戦協定の平和協定への転換をはじめ、米朝関係の正常化、非核化後の朝鮮半島の秩序構築を含む作業全般に、中国側が長期にわたり全面関与する意思を鮮明にしたことを意味する。

中国の北朝鮮研究の第一人者の呂超・遼寧社会科学院研究員は、19年8月大連で、北朝鮮経済について「経済状況は厳しく、『少しずつ回復している』との見方は正しくありません。制裁の影響下で工業、鉱山開発が進まず、石炭・鉄鋼石のほか石油禁輸で化学工業も苦境に置かれている。鉄道輸送の停滞や電力不足も拍車をかけています。ただ、電力は水力発電所の完成で回復しつつあり、軽工業は順調。農業は、化学肥料と農薬不足、それに農業関連施設の修復が遅れ、穀物生産は困難に直面している」と筆者に分析してくれた。

中国遼寧省社会科学院の呂超氏
撮影：筆者

そして、非核化プロセスに関与する中国の立場について彼は「中国は朝鮮半島の非核化と平和プロセスの推進者。具体的な政策を挙げれば、①南北会談の推進、②米朝会談推進、③非核化と安全保障を中心問題とする中米韓朝の四者会談を実現して、停戦協定を平和協定に替えること」と説明した。バイデン政権下で仕切り直しを迫られる米朝関係だが、中朝の伝統的友好関係が復活した現在の対北朝鮮ポジションを代表する見解である。

一枚岩ではない

日本では「習近平強権政治」という名の独裁体制が強化されているという見方がメディアに

溢れている。しかし朝鮮半島問題でも中国識者の見方は決して「一枚岩」ではない。その例を紹介しよう。

朝鮮半島をめぐる国際関係の変化について、中朝関係の歴史研究が専門の、華東師範大学の沈志華教授は「ニューヨーク・タイムズ」（中国語版　18年6月12日）のインタビューで、「北朝鮮が米韓の懐に入る」のが中国にとって最悪だとし、「歴史的に見れば朝鮮は中国の潜在的な敵であり、北朝鮮にとって中国は常に頭から抑え込む大岩だった」と、中朝の相互不信を強調した。伝統的友好回復は戦略転換ではなく、「戦術的合意」にすぎないという見方だ。

一方、先の解放軍系研究者は「東アジアの命運は、帝国主義列強による争奪戦、戦後の冷戦期を経て、アジアの将来はアジア人自身が決める時代に入ろうとしている」と述べ、朝鮮半島問題は米国を排除し「中日と南北朝鮮」の四者が決めるべきと強調し「日本も主導的役割を」と付け加えた。さらに「トランプは朝鮮情勢をにらみながら、経済貿易問題や台湾問題で中国を挑発し続けるだろう。特に朝鮮と台湾は歴史的に『対』の関係にある。米国は朝鮮問題で譲歩すれば、台湾で対中強硬策に出る」とみる。

華東師範大の沈志華教授
撮影：筆者

沈志華氏は「米日韓同盟の三角形で最も弱いのが韓国」

とし、今後中国は、①日韓対立、②韓国の反米感情——の2点を突き、米日韓同盟に切り込む余地があると指摘している。

複雑な連立方程式のゲームは続く。

脅威は外交で減らせる

「北朝鮮の核の脅威はもうない」。シンガポールの米朝首脳会談の後、トランプがこうツイートしたことは先に触れた。トランプの思惑は、歴代大統領ができなかったことを果たし、関係改善と和解ムードを押し出し、再選を勝ち取ることにあった。そうだとしても、このツイートは「軍事的脅威」の本質をついている。

軍事的脅威とは「意図と能力の掛け算」と定義される。米国が5000発近くの核を保有（能力）しても、同盟関係にある日本を攻撃する「意図」はないと考えられるから、多くの日本人は米国の核を「脅威」とはみなさない。一方、米国と敵対してきた北朝鮮からすれば、核攻撃を受ける恐れが常にあるから「脅威」なのである。

北朝鮮にとって核・ミサイル開発の「意図」は、米国の軍事攻撃を思いとどまらせる抑止力であると同時に、交渉に引き出すためのカードだった。カードは米朝直接対話の実現という効果を発揮した。北朝鮮は核・ミサイル実験の停止を約束し、首脳会談の共同声明では「非核化に向け確固で揺るぎない約束を再確認」した。

敵対関係を解消すれば、相手を攻撃する「意図」への認識も変わる。「北朝鮮の核の脅威はもうない」というツイートを、「外交力で軍事的脅威を減らす見本」と受けとめたのは、そういうことである。バイデン新政権は金正恩との首脳会談には消極的だが、北朝鮮がシンガポール会談で約束した非核化の意思を後戻りさせてはならない。問題だらけのトランプ政権だったが、「唯一」の外交成果だった北朝鮮の「非核化への意思」は継承していい。

注

1 ＮＨＫ解説委員室　２０１８年６月13日　増田剛・解説委員「米朝『非核化』合意　日本はどうすべきか」（時論公論）
https://www.nhk.or.jp/kaisetsu-blog/100/299585.html

2 「産経」２０２０年10月25日「【主張】中国の「抗米援朝」平和への脅威はどちらだ」
https://www.sankei.com/world/news/201025/wor2010250001-n1.html

3 「朝日」２０１８年６月20日付夕刊「国際秩序が壊れる危険」
https://www.asahi.com/articles/DA3S13549105.html

4 「毎日」２０１９年６月20日「習・中国主席『遠大な計画』方針　北朝鮮紙寄稿、恒久的安定へ協力きょう訪朝」
https://mainichi.jp/articles/20190620/ddm/007/030/139000c

第六章　バイデンの対中政策を読む

「新冷戦思考」はリセットする

米大統領選（2020年11月3日）で、民主党のジョー・バイデン候補が11月7日勝利宣言した。トランプ政権のこの4年、世界は「米中新冷戦」思考にかく乱され続けてきた。政権交代で最大の関心は米中関係の変化であろう。

ジョー・バイデン
（2019年、撮影：Michael Stokes (CC BY 2.0)）

　バイデンは米中関係を「敵対的、競争的であるが、協力的な側面もある」とみなしており、コロナ対策や気候変動問題では対中協調と対話を進め、「米中新冷戦」思考をリセットするだろう。とはいえ米中関係は、オバマ政権時代の「対中関与政策」に戻るわけではない。就任後はまず、①新型コロナウイルス対策、②分断された米社会の統合――を最優先課題に、国内の経済格差、黒人、移民差別の解消など、内政を優先せざるを得ない。

中国外務省の汪文斌副報道局長は勝利宣言の約1週間後の13日になって、「バイデン氏と（副大統領候補の）ハリス氏に祝意を示す」と祝意を表明した。[1] 習近平国家主席も11月25日、バイデン氏に祝電を送った。

「新華社」通信によると、習は祝電で「中米関係の健全で安定した発展を推進することは、両国人民の根本的利益に合致するだけでなく、国際社会の共通の期待でもあると指摘。双方が『不衝突、不対抗（衝突せず、対抗もしない）』、相互尊重、協力・ウィンウィンの精神を堅持」することを希望すると、関係改善への期待を表した。[2] この「不衝突、不対抗、相互尊重、協力・ウィンウィンの精神」という4項目は、オバマ政権、トランプ政権との間でも習政権が「中米大国関係」の基本方針にしてきたもので、バイデンに対しても踏襲した形だ。

慎重姿勢の背景には、トランプ政権が誕生した4年前、「ビジネスマンとの取引（ディール）外交は望むところ」とばかりに〝見くびって〟さんざん「かく乱」されてきた反省があるかもしれない。それに加え、米民主党をはじめ議会や世論で高まる反中感情が、バイデンの対中政策の手足を縛るという計算も働いているだろう。

米国に対し「辛口評論」で知られる中国共産党系の「環球時報」も、11月9日付社説で「中米関係を強力で予測可能な状態に戻す」と、バイデン政権下の緊張緩和に期待感を滲ませた。[3] バイデンは少なくとも、トランプと比べれば、「予測可能なリーダー」とみるのである。台湾の馬英九前総統のブレーンで、両岸関係を専門にする趙春山・淡江大学中国大陸研究所名誉教授も、次期政権下の中米関係を「米中関係は緩和し、より予測可能になる傾向がある」とみる。[4]

習と個人関係を構築

バイデンは、トランプとのテレビ討論で、「対中弱腰」批判を受け、習近平を「ならず者」と呼んだ。しかしこれをもって、彼の対中観を代表させるのは少し無理がある。彼の中国体験は古い。初めて北京を訪れたのは、米中国交正常化直後の１９７９年４月。米議会訪中団のメンバーとして訪中し、当時の最高指導者、鄧小平とも会談した。

趙春山
(2014年、撮影：Voice of America)

「台頭する中国の発展は、中国のみならず、米国と世界にとっても非常に肯定的」[5]――。これは２０１１年、バイデンが副大統領時代、中国代表団を迎えた際に語った初訪中時の印象である。典型的な「中国関与」思考が読み取れる。

バイデンは上院外交委員長を務めるなど「外交通」として知られ、オバマもバイデン外交にかなり頼ってきたフシがある。米「ニューヨーク・タイムズ」によると、副大統領時代のバイデンは２０１１年初めから１年半の間、国家副主席だった習近平と少なくとも８回会っている。

特に２０１１年８月、北京だけでなく四川省成都にも足を延ばした６日間の長旅には、習近

バイデン、習近平会談
（2012年2月15日、在米中国大使館ホームページより）

平がずっと付き添い、習とのプライベートな接触時間は25時間に及んだという。

バイデンはこの旅で習との「個人的な関係」を築いた。こうして積み重ねた彼の中国理解は、台湾問題で「一つの中国」政策を見直しかねない「冒険」に出たトランプ政権とは異なり、北京に「安心感」を与えているのは間違いない。

「同盟関係」「協調」がキーワード

対中政策に戻る。当選宣言後の16日の記者会見でバイデンは、トランプ政権で混迷した通商政策を、①国内投資で米労働者の競争力を再生、②雇用対策と環境政策を取り込んだ新しい通商政策を策定、③制裁関税など懲罰的な手段は採用しない――の3原則から見直すと述べた。

さらに11月24日の記者会見では、外交政策について「同盟国と連携すれば米国は最強になる」と強調した。トランプ政権下で傷ついた同盟関係の修復と、国際協調路線への回帰姿勢を鮮明にしたのである。「同盟関係修復」「国際協調」の二つが、バイデン外交政策の基調をなすキーワードである。

欧州ではEUの核であるドイツのメルケル政権との修復が、そしてアジアでは日米韓の3国同盟関係、ASEANとの関係強化などが課題になる。英「フィナンシャル・タイムズ」によると、バイデンは国家安全保障会議（NSC）にアジア問題の統括責任者の配置を検討しているとされる。アジアを、①中国、②インド、③日本、韓国、オーストラリアなどの同盟国――の3地域に分け、各地域に代表を置くという。

東アジアでは11月15日、日本と中国など15か国が地域包括的経済連携（RCEP）に署名した。バイデンは会見で、RCEPの影響を問われて「中国に対抗して（国際貿易の）ルールをつくるには、ほかの民主主義国家と連携する必要がある」と明言した。しかし、通商3原則の③は「制裁関税など懲罰的手段はとらない」としており、トランプ政権下で制裁関税の応酬に苦しんだ中国側は一息つきそうだ。

バイデンは12月1日、「ニューヨーク・タイムズ」とのインタビューで、トランプ政権が中国に課した制裁関税や、中国と結んだ「第1段階の貿易合意」に関して「即座に動くつもりはない」と述べた[6]。アジアや欧州の同盟国と協議して対応を決める方針を明らかにしている。まず内政立て直しに傾注し、対中政策に手をつけるまでには時間がかかりそうだ。

コロナ、温暖化、貿易の3分野では協力

先の「環球時報」（20年11月8日）から、中国がバイデンに何を期待しているかを探ってみよう。社説は「北京はバイデン・チームと可能な限り十分に連絡を取り、緊迫した中米関係を、強力で予測可能な状態に戻すよう努力する」と、期待を膨らませた。

具体的な協力テーマについては、①新型コロナ抑制で中米協力に可能性が開かれた、②国連の気候変動に関するパリ協定推進に中米協力は不可欠、③貿易戦争でトランプ政権は赤字削減の実効性を上げておらず、米国企業も不満を表明している――を挙げた。

結論として「中米関係逆転の可能性について幻想を抱いてはならないが、関係改善する信念を弱めることもできない」と書き、バイデン勝利を関係改善の「チャンス」ととらえた。そして国内に向けては「中国が米国の戦略的課題に対応するための最も基本的な方法は、継続的に自らを強化すること。われわれは米国に圧倒され混乱することのない強力な存在になりたいと考えている」と自力更生による「強国路線」継続を訴えた。

大統領選直前の10月26日〜29日に開いた中国共産党の中央委員会総会（5中総会）は、輸出に頼らず内需主導型の経済転換を図る「双循環」方針を確認した。人工知能（ＡＩ）技術を発展させ、２０３５年までに国内総生産（ＧＤＰ）と１人当たりの収入を２倍にする目標を設定したことを意識した主張でもある。米中関係がどう変化しようとも、それに影響されない体制づくりを進めるということだ。

「新冷戦」思考を批判

北京の期待を「希望的観測」とみてはならない。バイデンの民主党陣営は2020年8月18日に採択した選挙綱領（マニフェスト）で次のような対中政策を打ち出した。

(1) 中国政府による経済や安全保障、人権に関する重大な懸念について「明確、強力かつ着実に押し返していく」。中国の為替操作や違法な補助金、知的財産の窃取などの「不公正な貿易慣行」から米労働者を保護する。

(2) 中国などによる国際規範の弱体化を図る動きに対しては「友好国・同盟諸国を結集して対抗する。

(3) 気候変動問題や核不拡散問題など米中の利害が一致する分野では協力を進める。

(4) 中国からの挑戦は、基本的に軍事的なものでないと信じる。

(5) 自滅的で一方的な関税戦争に訴え、『新冷戦』のわなに陥らない。

(1)、(2)はともかく、新冷戦を「わな」と批判し、高関税を付与する貿易戦を「自滅的で一方的」と強い表現で非難した。その一方、気候変動問題や核拡散での協調を訴え、中国からの挑戦は「軍事的なものではない」と明言している。

中国をあらゆる領域で封じ込めようとする「新冷戦」思考とは、異なる対中アプローチがみてとれる。綱領内容は、「環球時報」の協力分野とも重なり、北京が期待する根拠でもある。

「実利重視のリアリスト」――ブリンケン

バイデン次期政権の、外交・安保・通商分野の主な布陣（候補）を見ておこう。▽国務長官アントニー・ブリンケン（前国務副長官）▽大統領補佐官　ジェイク・サリバン（前副大統領国家安保担当補佐官）▽国防長官　ロイド・オースティン元陸軍大将▽大統領特使　ジョン・ケリー（元国務長官）▽国家情報長官　アブリル・ヘインズ▽米通商代表部（USTR）代表キャサリン・タイ（下院歳入委員会法律顧問）。

まず外交の柱、ブリンケン。「フィナンシャル・タイムズ」によると、民主党の外交畑で30年のキャリアを積み、バイデンとは上院議員時代から仕事をしてきた。「実利重視の現実主義者」で、バイデンの「分身」とみる批評家も。「同盟国重視」姿勢も、ブリンケンの受け売りである。

20年夏の講演でブリンケンは、トランプが「民主主義の後退」を招いたことで「我々は困難な状況に陥り、ロシアや中国などの独裁国家がその穴を突こうとしている」と述べ「この状況に対処するために、米国は同盟関係を再構築しなければならない」と強調した。

アントニー・ブリンケン
（2015年、米国国務省）

「環球時報」は、ブリンケンがトランプ政権期に「コンサルタント会社を設立し、米企業向けに中国市場に関するアドバイスをしていた」と、中米関係改善への期待を込めて報じた。

キャサリン・タイは「悪いシグナル」――時殷弘

国防長官候補のオースティンは、就任すれば初の黒人長官になる。陸軍副参謀総長を経て、2013年に米軍の中東地域を管轄する中央軍司令官に就いた。イラクやシリアで過激派組織「イスラム国（IS）」の掃討作戦を指揮したが、中国やロシア対応への手腕は、全くの未知数である。

ロイド・オースティン
（2013年、米国陸軍）

対中通商交渉を率いるUSTR代表候補のキャサリン・タイ（戴琪）は、両親が台湾人の米国生まれ。イェール大とハーバード法科大学院で学んだ後、首都ワシントンの法律事務所や議会、政府で職歴を重ねてきたエリート。中国語を流ちょうに話し広州の中山大学で2年間、英語を教えた経験がある。「彼女は蒋介石側近だった情報特務の親分、戴笠の曾孫」といううわさが駆け巡ったが、同姓というだけのフェイクニュース（誤報）のようだ。

タイの最大のポイントは、２００７年から14年までＵＳＴＲの中国担当法律顧問を務めたこと。知財権侵害のほか、農産品や家電の輸出補助金、鉱物の輸出規制を巡り、協定違反だとして世界貿易機関（ＷＴＯ）に提訴した経験を持つ。

中国人民大学の時殷弘教授は、香港の「サウスチャイナ・モーニングポスト」（12月10日付）に「タイ指名は中米関係にとって『否定的なシグナル』。タイが中国との貿易問題に対処した経験を考えると、バイデン政権は中国に厳しい姿勢を続けるかもしれない」と語っている。

キャサリン・タイ
（米中貿易全国委員会ホームページより）

中国包囲と台湾支援を初提起

では米識者はバイデン政権にどんな期待をしているのだろう。ジョセフ・ナイ元国防次官補とアーミテージ元国務副長官ら、超党派の有識者グループは12月7日、２０００年以来5回目になる「日米同盟の強化に向けた報告書」を戦略問題国際研究所（ＣＳＩＳ）から出した。バイデン政権発足に向けた提言であり、米国の外交安保政策のエスタブリシュメントの最大公約数的な見方として、バイデンも提言を活用する可能性がある。

報告は、トランプ政権の言動により「日米同盟の先行きは不透明感が増している」と警鐘を鳴らす。そして「アジアの現状を変えようとする中国政府の努力は、中国の近隣諸国の安全保障上の懸念を高めている」と位置付け、日米同盟の「最大の安全保障上の課題は中国」と、「中国の脅威」を初めて前面に押し出した。さらに、「中国の圧力」にさらされている台湾への政治的、経済的関与強化を求めているのも新たな特徴である。こうした認識が、米国の与野党を問わず広く浸透していることは決して無視できない。

大国関係から周辺国重視へ

さてバイデン政権登場を中国がどのように受け止めているかが次のテーマである。

前述のように、習近平は遅まきながら11月25日、バイデン宛の祝電で中米関係改善への期待を表した。

先に紹介した中国共産党の5中総会では、米中の戦略的対立が「持久戦」になるとの見通しから、国内の大循環を基本に、国内・国際の「双循環」を打ち出す一方で、米中大国関係を最重視してきた外交の基軸を「周辺国優先」へと変え始めたようにみえる。

それを裏付ける資料がある。王毅外相は12月11日、北京で「２０２０年国際情勢と中国外交」と題するシンポジウムに出席、基調講演で２０２１年の中国外交の「7大任務」を発表し

王毅
（2017年、撮影：Cancillería del Ecuador (CC BY-SA 2.0)）

た。外交の優先順位を示すとみられるのが3点目と4点目である。

（3）新型国際関係の構築を推進。中ロの全面的な戦略協力を深化。中欧の戦略的相互信頼を増進、中米は両国関係の健全で安定した発展の戦略的枠組みを再建する。

（4）地域包括的経済連携協定（RCEP）の早期発効・実施を推進。中日韓三者の互恵協力を推進し、瀾滄江―メコン川流域の経済発展帯の建設を深化。

(3)をみてほしい。中国外交が対象にする国や地域の新たな優先度が一目瞭然である。第一に対ロ関係、第二に対欧州、そして第三に対米関係の順である。日本や韓国に至っては、(4)のRCEPという地域協力枠組みの中にようやく登場する。ロシア、欧州、米国はいずれも多極の中の「極」であり、中国との関係の良好な順に並べられている。

不確実で予測不能な時代――閻学通

中国外交の優先順位に調整が加えられる中、中国識者のバイデン政権登場への見方を紹介する。中国保守派の論客、閻学通・清華大学教授は12月1、2日の両日、北京の解放軍系フォーラム「香山論壇」でオンラインセミナーを開き、バイデン政権登場後の中米関係について講演した。「不確実で不安な平和」の時代の到来を予測するこの講演の論点をみよう。

(1) バイデンは、何らかの形で中国と米国の競争を和らげるかもしれないが、それは形式的であり、米中競争の性格を変えるものではない。政治分野での米中対立は激化する。バイデンは人権問題とイデオロギーを価値目標として扱い、より強硬な手段をとる。

(2) 米中二極競争は、世界全体の局面を形成すると同時に、ドイツ、ロシア、日本、英国など、他の大国は同盟への依存度を弱めている。これらの国は「ヘッジ戦略」を採用している。彼らはイデオロギーなどの問題で、中米いずれかにつくかの選択を望んでいない。問題Aでは中国を支持、問題Bで米国を支持する。こうしたヘッジ戦略は、予測可能性の低下によって、将来の国際秩序に大きな不確実性をもたらす。

閻学通
(2016年、撮影：Xxxiaojiu(CC BY-SA 4.0))

「不安な平和」だが戦争は回避

閻学通はこう続ける。

(3)「不安な平和」の状態では、大国間の戦争は起こらない。核兵器およびデジタル時代は、直接戦争という手段から政策目標を達成しないことを決定した。これが「平和」である。一方「不安」とは次の三つの点である。第一に、大国間の競争が激化し、他国が中国と米国の競争を利用するため採用する「ヘッジ戦略」はより不確実になる。第二に、両極世界では、中国と米国のどちらかが単独で世界をリードする能力を持たず、アジア太平洋地域でもどちらかが主導的地位に立たない。第三に、大国は戦争手段には訴えず、経済的手段に訴える。将来世界はより無秩序になる。

(4)米国は中国との平等な地位を受け入れることは不可能であり、中国は米国との平等な地位を要求するため、米中がアジア太平洋地域で集団的リーダーシップを達成することは不可能。

以上が閻の描くバイデン政権以降の米中関係と国際政治の基調である。あくまでも閻の個人的な認識であり、中国指導部の公式見解ではない。

台湾の見方も紹介する。前出の趙春山は、「バイデンが対中関与政策に戻ることを期待するのは非現実的」としつつ、次期国務長官に指名されたブリンケン元米国務副長官らのコメントを引用しながら「バイデンのブレーンたちは、いわゆる新冷戦やデカップリング（経済切り離し）に同意しない」と指摘する。

その理由として、①米ソ冷戦時代とは異なり、米中は緊密な経済交流をし、中国も国際システムに統合されている、②多くの国は米中のいずれかを選択することを望んでいない、③冷戦のような全面的対立ではなく個々の問題について中国と競争すべき、④コロナと経済では中国との協調が求められる――を挙げた。

もう一人、台湾の対中政策を所管する「行政院大陸委員会」主任を務めた蘇起は、11月7日台北で開かれたシンポジウムで、バイデン政権下の米中関係について「リセットの機会が与えられる。少なくとも双方が緊張を緩和し、貿易戦争、科学技術戦を修正する選択がある」と指摘した[7]。

バイデン政権が「デカップリング」解消に向けて、いつ、どんな手を打つかどうかまだ判断材料は乏しい。ブリンケンもUSTR代表に指名されたキャサリン・タイも明確な意思表示はしていない。「外交の継続性」を尊重しようとする配慮も働くかもしれない。

中国経済を専門にする瀬口清之キヤノングローバル戦略研究所研究主幹は、米国の中国問題専門家からの聞き取り調査の結果から、「ファーウェイ排除の継続は難しい」とみる[8]。瀬口はその理由を、①ファーウェイ製品の安全保障上リスクの客観的根拠は乏しい、②民生向け同社製品の全面的禁止は正当化できない、③製品使用の禁止は巨額のコスト負担を強いる、④競争力のある外国企業を市場から排除すれば米国の当該産業の競争力が低下――という4点にまとめた。

日米安保条約　第５条

各締約国は、日本国の施政の下にある領域における、いずれか一方に対する武力攻撃が、自国の平和及び安全を危うくするものであることを認め、自国の憲法上の規定及び手続に従つて共通の危険に対処するように行動することを宣言する。
前記の武力攻撃及びその結果として執つたすべての措置は、国際連合憲章第五十一条の規定に従つて直ちに国際連合安全保障理事会に報告しなければならない。その措置は、安全保障理事会が国際の平和及び安全を回復し及び維持するために必要な措置を執つたときは、終止しなければならない。

日米安保条約　第５条　（外務省ホームページより）

「米中頭越し」の記憶

新冷戦思考のリセットには多くの選択肢はあるが、その方向だけは明確だ。トランプ政権の無茶苦茶な政策や決定を「日米同盟強化」として、盲目的に支持してきた安倍・菅政権は、バイデン政権のリセットによって「裏切られる」可能性がある。

ニクソン訪中のような劇的な大転変があるとは思わない。ただ、閻学通が言うように、米中関係に関しドイツ、ロシア、英国の「ヘッジ戦略」に対し、バイデンが米中関係の限定的改善を、日本の「頭越し」に行う可能性は否定できない。

バイデンは11月12日の菅義偉首相との約10分の電話会談で、「日米安保条約第5条の尖閣諸島適用」に言及したという。ただ、バイデン政権移行チームのメディア向け発表文は、「第5条に基づく日本防衛と米国の深い関与」と書くだけで、「尖閣」という言葉は全くない。[9]

米政府は尖閣の日本領有権（主権）を認めず、施政権を認めているに過ぎない。だが、オバマ元大統領が２０１４年の訪日の際、尖閣の第５条適用を初めて明言して以来、５条適用は

「既定路線」である。しかし「5条適用」は即「防衛公約」ではない。中国の台湾武力行使に対し米国が採用している「曖昧戦略」と同じである。

ここ十数年の日米関係の推移をみれば、米国が島嶼防衛の一義的責任は日本の防衛力にあるとしており「自助努力で守れ」という流れは鮮明。米国にとって尖閣防衛は国益にかかわる重大事ではない。「尖閣」の文字を入れなかったのは、中国への配慮かもしれない。

「新冷戦思考」から見る識者

大統領選の開票結果を伝えるTVニュースで、ある日本の民間シンクタンクの米国専門学者のコメントを聞いて少しびっくりした。NHKのニュース番組で、混乱が長引き米国で政治空白が続くと世界にどんな影響が及ぶのかという質問に対し、この学者は、「中国戦闘機が最近、台湾の中間線を越えました」と答えた。大統領選の混乱に乗じて、中国が台湾に「軍事行使」しかねないともとれる発言だった。

中国戦闘機の台湾海峡「中間線」越境は、確かに2020年に頻繁化した。しかし越境にはそれぞれ理由がある。20年7月と9月の越境は、アザー米厚生長官とクラック米国務次官の台湾訪問への「報復」が目的。中国の台湾政策の基本原則は、台湾独立に反対しながら、両岸の平和的発展と平和的統一を目指すことにある。

米国との軍事衝突を引き起こす懸念がある台湾への武力行使に、中国は極めて慎重である。

それは台湾強硬派とみなされがちな人民解放軍も同様である。この学者発言は、トランプ政権による新冷戦イニシアチブという一種の「宣伝戦」「心理戦」に、日本の識者がどっぷりつかってしまったことを物語る。

その点だけをとっても、トランプの新冷戦イニシアチブには成果があったと言うべきかもしれない。先の「環球時報」社説も「トランプによる対中抑圧・封じ込めは、トランプの最大の外交遺産」と皮肉っているほどだ。

対中融和は憂慮なのか？

「新冷戦」イニシアチブの「成果」が、世界中に反中感情を広げたことにあったのは間違いない。新冷戦思考に染まった識者が、バイデン政権登場に伴う対中政策の変化にどんな視線を向けているのか紹介したい。川上高司・拓殖大学教授のコメントは興味深い[10]。

川上は、バイデン政権下で予想される対中妥協に関し「貿易面での対中融和姿勢は、安全保障面での融和にも徐々に波及するでしょう。両国間で信頼が醸成されていくから民主党内の左バネも、安全保障面における対中政策に影響が及びます。軍に向ける予算の縮小を促します。中国との融和とあいまって、日本にとって憂慮すべき材料」と述べた。バイデンが対中政策で大胆な「融和」に出るという見立ては、少し極端に振れすぎるきらいがある。

さらに東アジア情勢で川上は「台湾を見捨てることがあるかもしれません。例えば中国が台湾に対し、香港に導入した国家安全維持法と同様の法律を押しつけようとするかもしれません」と言う。トランプ政権の過剰な台湾関与が、対中包囲政策のカードに過ぎないとみている点は同感だ。

ただ、台湾にも香港と同じ「国家安全維持法」を押し付けるかもしれないとの見立てはうなずけない。中国は既に2005年、台湾独立を封じる「反国家分裂法」を成立させており、香港国家安全維持法は、同法の香港版だからである。

一方、駐米大使を経験した藤崎一郎・中曽根平和研究所理事長の見方は冷静だ。彼は「外交政策は大転回へ」と題するインタビュー記事（「共同通信」11月10日配信）で、「日本では『米中対立は経済だけでなく、軍事もあれば先端技術もある。民主党政権になっても人権問題で中国に厳しくなる。強硬姿勢は議会や世論からも支持され、今後も変わらない』との見方が流布している」と述べた上で、「米国の歴史を見ると、いろんなことが変わる。米中関係の変化を頭に入れないと非常に危ない」と警鐘を鳴らした。

その通りだと思う。「米中関係好転のしっぺ返しは今後、様々な局面で顕在化するだろう。「ドナルド、シンゾー」と、ファーストネームで呼び合うことを自慢する時代はとっくに過ぎ去った。

注

1 「日経」２０２０年11月13日「中国外務省、バイデン氏に祝意を表明」
https://www.nikkei.com/article/DGXMZO66205860T11C20A1FF8000/

2 「新華社」日本語版、２０２０年11月26日「習近平主席、米次期大統領バイデン氏に祝電」
http://jp.xinhuanet.com/2020-11/26/c_139543700.htm

3 「環球時報」２０２０年11月８日　社説「幻想を抱かず、努力も放棄してはならない（社评：对中美关系莫抱幻想，也别放弃努力）」
https://opinion.huanqiu.com/article/40cPtFBEp6T

4 「美麗島」電子版　２０２０年11月９日　趙春山「中米関係を受けたバイデンの勝利（拜登勝選，因應中美關係走勢）」
http://www.my-formosa.com/DOC_163303.htm

5 「ニューヨーク・タイムズ」２０２０年９月６日「ジョー・バイデンの訪中（Joe Biden's China Journey）」
https://www.nytimes.com/2020/09/06/us/politics/biden-china.html

6 「ニューヨーク・タイムズ」２０２０年12月１日「バイデンは『トランプはあと４年続投する気はない』と確信している（Biden Made Sure 'Trump Is Not Going to Be President for Four More Years'）」
https://www.nytimes.com/2020/12/02/opinion/biden-interview-mcconnell-china-iran.html

7 「風傳媒」２０２０年11月７日「トランプは悪い大統領だ（「川普是個爛總統」蘇起：若拜登當選，

蔡政府應停止推進[兩國論]」
https://www.storm.mg/article/3184486

8 キヤノングローバル戦略研究所　２０２０年10月20日「バイデン政権誕生でファーウェイ排除の継続が難しくなる　~トランプ時代の排除政策が続けられない４つの理由~」
https://cigs.canon/article/20201027_5427.html

9 バイデン政権移行チーム（Biden-Harris Transition）２０２０年11月11日　プレスリリース「Readout of the President-elect's Foreign Leader Calls」
https://buildbackbetter.gov/press-releases/readout-of-the-president-elects-foreign-leader-calls/

10 「日経ビジネス」２０２０年11月5日「日本を待ついばらの道、バイデン勝利なら中国海軍の太平洋進出も」
https://business.nikkei.com/atcl/gen/19/00179/110500025/

第七章　日本の選択と将来

これまでの章では、コロナ・パンデミックが米国のグローバルリーダーからの撤退と、国家の復権という国際政治の底流を一気に加速させたことに加え、トランプ政権が、台頭する中国の頭たたきをするため経済、軍事、イデオロギーを含むあらゆる領域で「米中新冷戦」イニシアチブを展開してきた状況を具体的にみてきた。最終章では、「米国か中国か」「民主か独裁か」の二択を迫る新冷戦思考を、日本政府と日本世論がどのように受け止め、それがどのように政策や世論に反映されてきたかを検証したい。

（一）　反中同盟の再構築目指す「インド太平洋戦略」

敬礼しながら、安倍晋三首相と海上自衛隊員を閲兵するトランプ米大統領。２人が歩いているのは地上ではない。戦後日本で初の空母に改修される自衛隊横須賀基地に停泊中の大型護衛艦「かが」艦上である。「令和」初の国賓として来日（19年5月25～28日）した、トランプの

日米両首脳夫妻による護衛艦「かが」訪問（2019年5月28日）
（首相官邸メールマガジンより）

帰国直前の一幕である。

安倍は「かが」に整列した米海軍と海上自衛隊員を前に、日米首脳がそろって両国隊員を激励するのは「史上初だ」と訓示し、日米の強固な同盟関係をアピールした。防衛省によると、米大統領が自衛隊艦船に乗艦した記録はなく、これが初めてだった。

近く空母になる「いずも型」の護衛艦は「かが」と「いずも」の2隻。中国が空母を保有すると、「軍事的脅威」をさんざん煽ったのは日本政府とメディアだった。攻撃兵器である空母保有について憲法上疑義が出て当然だが、立憲民主党など野党を含め2020年度予算での空母改修予算化に強い反対がないまま、空母保有が進む現状をどうみたらいいのだろう。

改修後は、米国から購入見込みの最新鋭ステルス戦闘機F35Bを艦上で運用する。「共同通信」記事（5月28日配信）は「首相側はトランプ氏による

「いずも」に着艦した「ロナルド・レーガン」搭載航空機
撮影：海上自衛隊

「かが」視察を「『中国はこれ以上ちょっかいを出すな』という強力なメッセージになった」（外務省幹部）と書いた。

この直後の19年6月19、20両日、南シナ海で米空母「ロナルド・レーガン」と「いずも」が共同軍事演習し、「いずも」の艦上に、「レーガン」搭載のヘリが離着艦を繰り返す訓練が行われた。「いずも」空母化と、南シナ海やインド洋での日米豪印4か国（ＱＵＡＤ）による共同軍事演習は、２０１６年に安倍がケニアで発表した「自由で開かれたインド太平洋戦略」（ＦＯＩＰ）を具体化した動きである。中国を包囲しようとする米国を補完して日米軍事一体化を進め、安保領域で日米基軸を強化する狙いだ。ＦＯＩＰ発表の16年は、集団的自衛権行使を容認する安保関連法制成立の翌年に当たる。

対中姿勢で異なる五つの「戦略」

「いずも」型護衛艦の南シナ海・インド洋への長期航海と共同軍事演習は、2017年以来3年連続で行われてきた。FOIPは、2017年11月トランプ訪日の際、日米の「共通の外交戦略」になった。米国防総省は19年6月1日、それを具体的に肉付けする内容の「インド太平洋戦略報告」を発表した。報告は、中国との「衝突」を前提に、友好・同盟国との新たな重層的ネットワーク構築と、台湾の軍事力強化を挙げている（第四章（二）参照）。中国からみれば、戦略が日米「共通の外交戦略」である以上、日本もまた、対中軍事包囲網に参画しようとしていると受けとめるのは当然であろう。

このほか名称は微妙に異なるものの、インドとオーストラリア、東南アジア諸国連合（ASEAN）もそれぞれ、「インド太平洋戦略（構想）」を発表している。

これらは共通点も多いが、決定的に異なる点がある。それは対中国姿勢だ。インドとASEANのそれは、中国排除には与せず、対中同盟の形成には否定的である。

微妙なのは日本FOIP。安倍は日中関係改善を進める中、2018年秋から「戦略」の2文字を封印し、経済と安保の「政経分離」を図って「中国と敵対する意図はない」と強弁した。

インド太平洋での活発な訓練

しかし2016年に施行された安保法制によって、①自衛隊による平時の米軍艦船防護、②

米軍を地球規模で後方支援――の2点が可能になり、日米同盟の対象地域は「アジア太平洋」から地球規模に拡大された。2018年末の「新防衛大綱」は、「いずも」型護衛艦の空母化計画を定め、「いずも」に配備するステルス戦闘機F35Bや地上配備ミサイル防衛システム「イージスアショア」など、米国兵器の大量購入を明記したのである。

「いずも」は2017年5月、「米艦防護」の任務を初めて実施した。防衛省によると、自衛隊が米軍艦などを守る海と空での「武器等防護」活動は、2019年2月末までに16件に上る。安保法制と「インド太平洋」の連動は明らかであろう。

冒頭に書いた「いずも」の活動は、海上自衛隊の「インド太平洋方面派遣訓練」（2019年4月30日～7月10日）の一環だった。海自は訓練について「米海軍との相互運用性のさらなる向上を図るとともに、強固な日米同盟を礎に、地域の平和と安定への寄与を図る」と解説する。日米の両戦略が本格的にかみ合ってきたことは海上自衛隊の「日誌」[1]を読むと分かる。

5月19日、「いずも」はベンガル湾で、日仏豪米の4か国初の共同訓練を実施。フランス原子力空母「シャルルドゴール」と豪潜水艦など10隻が参加した。

5月22日までスマトラ島西方の海空域で、対潜水艦戦や搭載ヘリの相互発着艦の訓練を行い、冒頭の日米合同演習（6月10～12、19～20日の2回）へとつながる。

「いずも」には、2018年に発足した日本版海兵隊である「水陸機動団」が初めて乗艦。7月16日、オーストラリア北東部海岸で、米海兵隊との共同訓練に初参加。輸送艦から水陸両用車や揚陸艇で上陸し、陸上戦闘を想定した実戦さながらの演習が行われた。

ブルネイ沖では、日本の海上保安庁と異例の合同訓練も行った。尖閣諸島で中国海警局の公船と対峙する巡視船との演習が、中国を想定したものであるのは間違いない。

日米豪印4か国外相会合

中国は「いずも」空母化を盛り込んだ防衛大綱に対し、「中国脅威論を助長し関係改善に不利。中国は強い不満と反対を表し、日本に厳正な交渉を提起した」(中国外交部)と批判した。しかし日本のFOIPに対しては、表立った批判は避けてきた。米中対立の深刻・長期化の中、日中対立はプラスにならないとの思惑も働いているだろう。こうしてみると、首脳の相互訪問に代表される表向きの「日中関係改善」より、水面下で展開される安保対立の方が、現実の日中関係をリアルに表現していると感じる。

安倍路線を継承した菅義偉政権はFOIPをどう見ているだろうか。菅首相は2020年10月6日、東京での「日米豪印4か国」(QUAD)外相会合で初の対面外交をスタートした。会合は共同声明を出さなかったが、

(1) (FOIPは) 平和と繁栄に向けたビジョンであり、より多くの国々へ連携を広げる。
(2) 海洋安全保障やサイバー、質の高いインフラ整備分野で協力を進める。
(3) ASEAN主導の地域枠組みに対する強固な支持を再確認。

（4）外相会合の定例化。

で合意した。合意には中国を批判する文言は一切見当たらない。

それはそうだろう。菅は9月25日の習近平との電話会談で、「日中関係の安定は2国間だけでなく、地域、国際社会のために極めて大事」と訴え、習氏も「日本との関係を引き続き発展させていきたい」と、関係改善の継続で合意したばかりだ。

「米中バランス外交」を看板にする菅政権が、米国と一緒になって中国を「共通の敵」にするような姿勢を打ち出せば、中国から「二枚舌」と批判される。

集団安保枠組みをとポンペオ

ポンペオ米国務長官は大統領のコロナ感染という「政権最大の危機」の中、あえて東京でのQUAD会合に参加した。長官はこの場でも、新型コロナを「武漢発」と強調し、「共産党が隠蔽したことで事態は悪化した。独裁的な指導者たちが、警告を発した勇敢な市民を黙らせた」と、言いたい放題。

さらに、南シナ海や東シナ海、台湾海峡、メコン川などで4か国が連携して、「中国共産党の搾取、威圧から守らないといけない」と、中国包囲網の構築を呼びかけた。「日経」のインタビューでポンペオは「4か国の協力を制度化すれば、本物の安全保障の枠組みづくりに入ることができる」と述べ、中国共産党の挑戦に対抗する「集団安全保障網」を構築する考えを明らかにした。[2]

ポンペオは「アジア版NATO」という表現は使わなかったが、ビーガン米国務副長官は、4か国の枠組みが将来「NATOのような多国間の同盟に発展し得る」との考えを示しており、NATO化はトランプ政権の本音とみていい。

菅首相は総裁選の最中、石破茂元幹事長が主張する「アジア版NATO」の集団安全保障について、「どうしても反中包囲網にならざるを得ない」と批判した。[3] その後、王毅外相がQUAD外相会議を「新しいNATO」と批判したのも、菅発言を意識しているのは間違いない。「米FOIP」＝「NATO」＝「中国包囲網」という三段論法から、菅氏が「中国包囲に反対なら、アメリカ戦略に乗ってはならない」と、クギを刺す意味が込められている。

インド太平洋版NATOと批判

王毅は10月13日、訪問先のマレーシアでFOIPを、「新しいNATOである」と批判した。直接的な対日批判は避けたが、菅政権がQUAD外相会合を主催したのに続き、首相就任後の初外遊になったベトナム、インドネシア歴訪（10月18～21日）に向けたけん制が狙いだった。

王は「（米国が）鼓吹しているのは時代遅れの冷戦思考であり、守ろうとしているのは米国の主導的地位と覇権システム。東アジア協力のウィンウィン精神に反し、ASEAN中心の地域協力の枠組みに衝撃を与え、平和・発展の前途を損なう。（米）戦略は事実上、米日印豪の

4か国の枠組みに依拠し、いわゆるインド太平洋版新NATOを作ろうというもの」と手厳しく批判した。[4] 名指しこそしていないが、4か国外相会議を主宰した日本への間接的批判である。対日批判を避けてきた中国だが、王毅の投げた「クセ球」は、中国のFOIPへの対応変化の予兆として注目すべきだろう。

建前と本音乖離の外交

「王毅発言」に対し、加藤官房長官は10月14日の会見で、「特定の国を念頭に置いたものではない」と、中国けん制の意図を否定した。だがそれを文字通り信じるほど、皆「お人好し」ではない。

日本メディアは、FOIPの前に必ず「台頭する中国をけん制」(「朝日」10月7日朝刊[5])や「台頭する中国を念頭に」(「共同通信」10月6日)など、中国けん制の「枕詞」を付ける。メディアはFOIPの安全保障上の「本音」を枕詞にし、政権は「けん制」の狙いを「建前」から否定する。「建前」と「本音」がこれほどかけ離れた外交はそうない。王毅の「クセ球」もその矛盾を突いたのだ。

中国は、対日関係改善が進んでからは、日本版FOIPを批判していない。宙に浮いている習近平主席の国賓訪日が、批判を抑制する「重石」になっている要素もある。ただ「共同通信」北京電(10月4日)によると、中国人民解放軍のシンクタンク、軍事科学院の専門家は9

月末、軍や外交専門家を集めた内部会合で、日本版ＦＯＩＰについて菅政権が米国とともに対中包囲の「海洋連盟」を構築しようとしていると位置付け、「対抗策をとる必要性」を訴えたという。

デカップリングも受け入れ

これまで見てきたように、安全保障では安倍・菅政権は「日米同盟基軸」を旗頭に、日米の軍事的一体化を進めてきた。ではトランプが進める米中経済「デカップリング」（切り離し）で日本政府はどんなポジションをとっただろうか。

「米中貿易戦」は、トランプ政権がファーウェイなど中国製品排除を同盟国に求めたことで、「デジタル冷戦」の新次元に足を踏み入れた。まるで米ソ冷戦時代の「対共産圏輸出統制委員会」（ＣＯＣＯＭ）の再来を思わせる。

これに対し日本政府は２０１８年12月、第５世代（５Ｇ）移動通信システムの周波数割り当て審査基準に、「情報漏えい」など安全保障上のリスクを盛り込み、ファーウェイとＺＴＥ（中興通訊）の中国大手２社を事実上排除する方針を決めるのである。ソフトバンクなど携帯大手３社もこれをすんなり受け入れ、２社の製品を採用しない方針に従った。

排除の根拠になっている「安全保障上のリスク」に道理はあるのだろうか。

在京の中国外交関係筋は「もしリスクがあるなら具体的な証拠を示してほしい。ソフトバンクが利用してきた4G基地局でも問題はあったというのか」と反論した。さらに在カナダの中国大使は、カナダ紙「グローブ・アンド・メール」（2018年12月13日付）への寄稿で、「安全上のリスクと言うなら、西側諸国の電気通信設備メーカーが生産した設備にも同様のリスクがある」と書いた[6]。

ガラパコス化する日本――丹羽宇一郎

在中国日本大使を務めた丹羽宇一郎氏は2019年5月、筆者のインタビューに対し、ファーウェイを全面排除しないドイツ、イギリスと日本の対応の違いについて「ドイツやイギリスの進め方が真っ当のように思われます。ファーウェイに競争力があれば、ファーウェイを使わざるを得ないからです。『アメリカさん、あなたの国は自分でできるだろうが、日本はファーウェイでやらざるを得ない部分もある』と言わざるを得ません」と答えた。

丹羽宇一郎氏
撮影：筆者

丹羽は「日米同盟だからといって、何から何まで全部アメリカの後に付いていくのは、今回ばかりはリスクが大きすぎます。世界は、特殊な理由で国と国が結びつく時代ではない。競争力のある所と一緒になって自国を守らなければならない」と強調した。

さらに１９８０年代の日米半導体摩擦を振り返りながら、「日本は『ジャパン・アズ・ナンバーワン』と持ち上げられたが、円を大幅に切り上げられて、通貨でやられました。半導体では日本に勝てないということでアメリカに完全に押し込まれ、日本は技術者養成を怠った。技術者養成の展望、能力、金もなくなった所に米韓が半導体では躍進しました。一時先行した携帯事業も日本は日本独自の技術にこだわり、ガラパコス化と言われました。『3G』時代から日本は出遅れたのです。このままでは日本は沈没し、『技術属国』になってしまうのではないかと心配です」と、付け加えた。

ボーイング７３７ＭＡＸ事故でも米追従

米国への盲目的追従は、安保とデカップリングだけではない。航空機事故対応にも表れている。２０１９年3月10日、エチオピアで起きたボーイング７３７ＭＡＸ墜落事故（１５７人死亡）は、世界の航空機秩序をリードしてきた米連邦航空局（ＦＡＡ）の権威失墜という思わぬ副産物を生んだ。安倍政権は、ＦＡＡの権威にすがり最後の最後まで運航停止措置をとらず、世界で最も対応が遅れた。「思考停止」のまま、日米同盟を最優先する「習い性」がここでも出てしまった。

事故が起きると、中国民用航空局は翌11日、国内航空各社に対し同型機の運航の一時停止を求める通知を発表した。墜落機に搭乗した中国人８人が犠牲になったこと、中国の航空各社が計96機（共同通信）の同型機を保有していることを考えれば、当然の措置だろう。当事者のエチオピア航空当局も11日、同型4機の運航停止を発表した。

問題はFAAの対応だ。FAAは11日の段階では、同型機のシステムの改良を4月までに義務付けるとしただけで、「機体自体は安全に飛行できる」として、運航停止措置をとらなかったのである。

中国とエチオピアの運航停止措置を受け、12日にはシンガポール、マレーシアをはじめイギリス、フランス、オーストラリア、ブラジル、アルゼンチン、メキシコ、トルコ、アラブ首長国連邦（UAE）、インドなど世界約50か国が、次々に運航停止措置に踏み切った。さらに欧州32か国が加盟する欧州航空安全庁（EASA）も12日から同型機の全便の運航と欧州上空停止措置を決めた。つまり事故発生から4日間で、世界の大半が同型機の飛行を禁止したのだ。

最悪だったのは安倍政権の対応。事故2日後の12日に対応策を質問された石井啓一国土交通相は記者会見で、「中国の運航停止を承知している」としながらも、「今後の動向を注視し、適切な措置を講じる」と、「模様眺め」を決め込んだ。

理由は明示しなかったが「国内航空会社で同型機は運航していない」ことと、運航する国内航空社がないことをほのめかした。しかし日本上空では、中国の航空2社をはじめシンガポールと韓国など海外5社が同型機を保有し、成田空港など日本7空港に定期便で運航しているのだから、事故直後に運航停止措置を出して当然ではなかったか。この5社は「事故後は別の機種に変更する対応をとっていた」（石井国交相）と弁解したが――。

「模様眺め」だった国交省が、日本の空港への発着と上空飛行停止を決めたのは3月14日。FAAが運航停止措置を発表した直後だった。石井国交相は15日の記者会見で、「米国の対応を踏まえ（中略）乗入れを停止する旨通知を発出しました」と説明した。何という率直さ。FAA決定に追従したことを率直に認めたのである。日本の決定はもちろん主要国で最後の最後だった。

究極の忖度

これまで点検してきたように、日本政府は安全保障をはじめ、経済や航空機安全まで、すべて日米同盟基軸を前提にする事実上の「思考停止」のままを政策決定してきた。国会もメディアもそして世論も、大きな異を唱えてこなかったことは特筆に値する。

防衛省出身の柳沢協二・元内閣官房副長官補は、あるシンポジウムで筆者に対しファーウェイ排除について、「日米同盟機軸」に異を唱えられない「究極の忖度だ」と解説した。米一極支配体制が崩れパワーシフトが進行する今、少なくとも経済や交通安全などの領域では、日米安保体制を相対化する努力をしてはどうか。それこそがヘッジ戦略であろう。日中国交正常化や平壌共同宣言は、同盟下でも独自外交を展開できた好例だった。忖度だけで生き延びられる時代は終わっている。

（二）なぜ反中世論は高まるのか——自信喪失と現状肯定意識

日本が衰退期に入り、多くの日本人が自信を喪失する一方、巨大化する中国への脅威感の高まりは「反中感情」を駆り立て、「敵対的ナショナリズム」を芽生えさせた。米中新冷静思考と「反中感情」はシナジー（共振）し合ったのである。これが日本で反中感情が高まった特殊な背景だと思う。７年８か月にも及ぶ安倍政権は２０２０年８月、ついに退陣した。日本の衰退が逆に、日本人の意識に「日本ボメ」とも言うべき現状肯定意識を生み出した。最後は、現状肯定と反中感情が表裏をなす「世論」を解剖しようと思う。

政権・メディア・国民がシンクロ

「令和初の国賓として来日したトランプ米大統領が、令和初の大相撲夏場所で、令和初の優勝力士、朝乃山に米国大統領杯を授与」

　２０１９年５月１日の改元以来、どんなニュースにも「令和初の」を付けたがるメディア報道を少し斜めから見ると、日本人が今置かれている「内向き」な心象が透けて見える。土俵に上がったトランプが表彰状を読み、「レイワ・ワン」（令和元年）と締めくくると、会場には「どよめき」が起きた。[7]「どよめき」の理由を想像すると、「世界のトップリーダーも『令和』

を認めてくれた」というあたりではないか。自尊心をくすぐられたのだろう。

19年４月初めに始まった「改元狂騒曲」ほど、見事に成功した「政治ショー」はないと思う。指揮者は「一丸となって」が大好きな安倍。彼が振るタクトにメディアが合奏し、多くの人々が踊りまくった。政権・メディア・国民の三者がシンクロナイズしたのである。

経済停滞と日本の存在感・発言力の後退――。自信喪失状態にあるはずの日本人が、その裏返しとして「日本人としての誇り」や「一体感」を〝共有〟できる絶好の機会を得たのだろう。だとすれば、こんな安上がりな「ナショナリズム」製造装置は、ほかに見当たらない。

大政翼賛化する日本

安倍支持率は「モリカケ疑惑」「桜を見る会」疑惑などにもかかわらず、ずっと高止まりしてきた。日本の衰退ぶりを示す客観的な数字を挙げろと言われれば、すぐにでも三つ、四つは挙げることができる。例えば、スイスのビジネススクールが19年5月28日に発表した19年の「世界競争力ランキング」で、「日本の総合順位は30位と前年より五つ順位を下げ、比較可能な１９９７年以降では過去最低」だという（「日経」電子版、19年5月29日）[8]。

日本の地盤沈下は鮮明なのに、なぜ安倍政権の支持率だけは上がるのか。支持理由は、ＮＨＫ調査では「他の内閣より良さそうだから」が50％と半分を占める。積極支持ではなく、「他と比べて」という消去法的な選択であることが分かる。

片山杜秀慶応大学教授は「なぜ前政権が長く続いたのかと言えば、『日本はまだ大丈夫だ』というポーズをとり続けたから。日本の没落を認めず、夢を見続けたい人々が支持し続けたから」（「朝日」電子版、20年11月21日）と分析する。[9]

片山は別のメディアに「日本は自動的に大政翼賛会化しています。55年体制のような与野党のイデオロギーの差異がない。思想や政策に十分な相違がないとすれば、有権者は同じことをやるなら経験を積んでいる政党の方が安全と考える」と説明している（「日本は〝束ねられる〟ファシズム化が進んでいる」「日刊ゲンダイＤＩＧＩＴＡＬ」19年5月20日）[10]。

世論づくり進める政権

自民党は、改元にあわせて19年5月1日から「新しい政治の幕開けを宣言する」という広報戦略を打ち出した。自民党が、世論形成を意図的かつ組織的に進めているのは明らかである。ＮＨＫの報道番組「クローズアップ現代」が２０１６年3月、番組の顔であった人気キャスターの降板と併せて「リニューアル」されたのは、安倍政権に近い籾井勝人前会長の下でのことだ。

しかしここで問題にするのは、政権による言論介入などの「上からの圧力」ではない。メディアと世論の両者に内在する要因と、両者の相互関係である。

「朝日」（19年5月23日）は「縮まるＮＨＫとの距離感」と題する記事で、ＮＨＫ元幹部の

「政治からの口出しやＮＨＫの忖度もあるが、政権を支持するふくれあがった世論に迎合しているという側面も大きいのではないか」という発言を紹介している。[11]

世論はメディアの影響力から自立して存在しているわけではない。世論が、メディア報道によって「つくられている」側面は、常に厳然として存在する。

「先の大戦が天皇の名において遂行されたという事実がほとんど語られなくなってしまっている」と指摘し「皇室批判を許さない構造を作っているのは報道機関自身。『陛下・殿下・さま』という敬称を使い、特別な対応を続けている」と指摘するのは、根津朝彦・立命館大学准教授だ（「朝日」19年5月22日）[12]。

「日本ボメ」の氾濫

政権、メディア、国民という「三者のシンクロ」によって形成された世論は、日本人が今抱えている「内向き」な精神構造を象徴している。それが安倍政権支持率の高止まりを支える現状肯定にもつながっている。これが筆者の仮説である。

それが気になり始めたのは、２０１１年3月11日の東日本大震災の直後からだ。テレビは「頑張れニッポン」「日本の力を信じてる」と、タレントが合唱する「公共広告」を毎日垂れ流した。「世界が驚いたニッポン！　スゴ～イデスネ!!　視察団」（テレビ朝日）、「世界！　ニッポン行きたい人応援団」（テレビ東京）など、〝ガイジン〟の目から「日本人の素晴らしさ」を誇る番組が、やたらと目につくようになった。それを「日本ボメ」現象と筆者は名付けた。

「日本ボメ」とは現状肯定だが、それは裏にある「排外意識」とセットになっている。一例を挙げる。

「3・11」の後の7月23日、中国の高速鉄道列車が浙江省温州で衝突し40人が死亡する事故が起きた。「天声人語」(「朝日」11年7月26日)は、汚職や強権体制の中国で生命が粗末に扱われていることを嘆いたうえで「日本に生まれた幸運を思う」と書いた。

「日本に生まれた幸運」――?　これも「日本ボメ」の一種だが、そう言うなら福島原発事故で今も避難生活を余儀なくされた人たちは、なんと言えばいいのか。この前年、尖閣諸島(中国名　釣魚島)で、漁船衝突事件が発生した。日本側が逮捕した船長の身柄をめぐり、日中の外交問題に発展し、日本世論でも中国脅威論が急激に高まっていた時期に当たる。

「リベラル」とされるメディアを含め、多くのメディアが「中国叩き」を始めた。中国を「敵」にする敵対型ナショナリズムの発露でもあった。書店では「反中嫌韓」本が平積みになった。中国当局が事故車両をすぐ地中に埋めたのは論外だが、「責任逃れ」「証拠(データ)隠し」などの批判は、「天に唾する」コメントだろう。福島原発事故の政府と東電の対応と処理、「モリカケ疑惑」に対する政権の対応に向けるべき批判だ。

「天声人語」は続けて、中国のずさんな安全対策を引き合いに「日本では起こり得なかった事故」と書いたが、この「日本ボメ」もいただけない。脱線電車がマンションに激突し107

人もの犠牲者を出したJR福知山線事故（05年4月）を忘れたのだろうか。

他者攻撃によって成り立つ自己肯定と、それによって形成された世論のシナジー（相互作用）のモデルケースをみる思いがした。

「日本は一流国」が急上昇

「日本ボメ」が「3・11」後に顕著になるのは、経済低迷に続き技術神話も砕け、日本社会に自信喪失感が広がったことと無関係ではない。

そんな仮説を裏付けるデータがある。NHK放送文化研究所が、高度成長期の1973年から5年ごとに行っている「日本人の意識」調査である。この中の「日本人は、他の国民に比べて、きわめてすぐれた素質をもっている」と「日本は一流国だ」という、気恥ずかしくなるような二つの設問への回答を表にしたグラフ（255頁）をみてほしい。

2013年は「日本人は、他の国民に比べて、きわめてすぐれた素質をもっている」が67・5％と、前回調査（08年）より10ポイント以上も増え、「日本は一流国だ」の回答も54・4％と、約15ポイントも跳ね上がる結果になった。13年は、国内総生産（GDP）の総額で日本は中国に追い抜かれてから3年後、「3・11」の2年後でもある。前年には、尖閣諸島と竹島（韓国名　独島）領有権をめぐり日中・日韓関係が急激に悪化した。

「すぐれた素質」「一流国」を誇れるような現実はどこにもないにもかかわらず、数字は反比

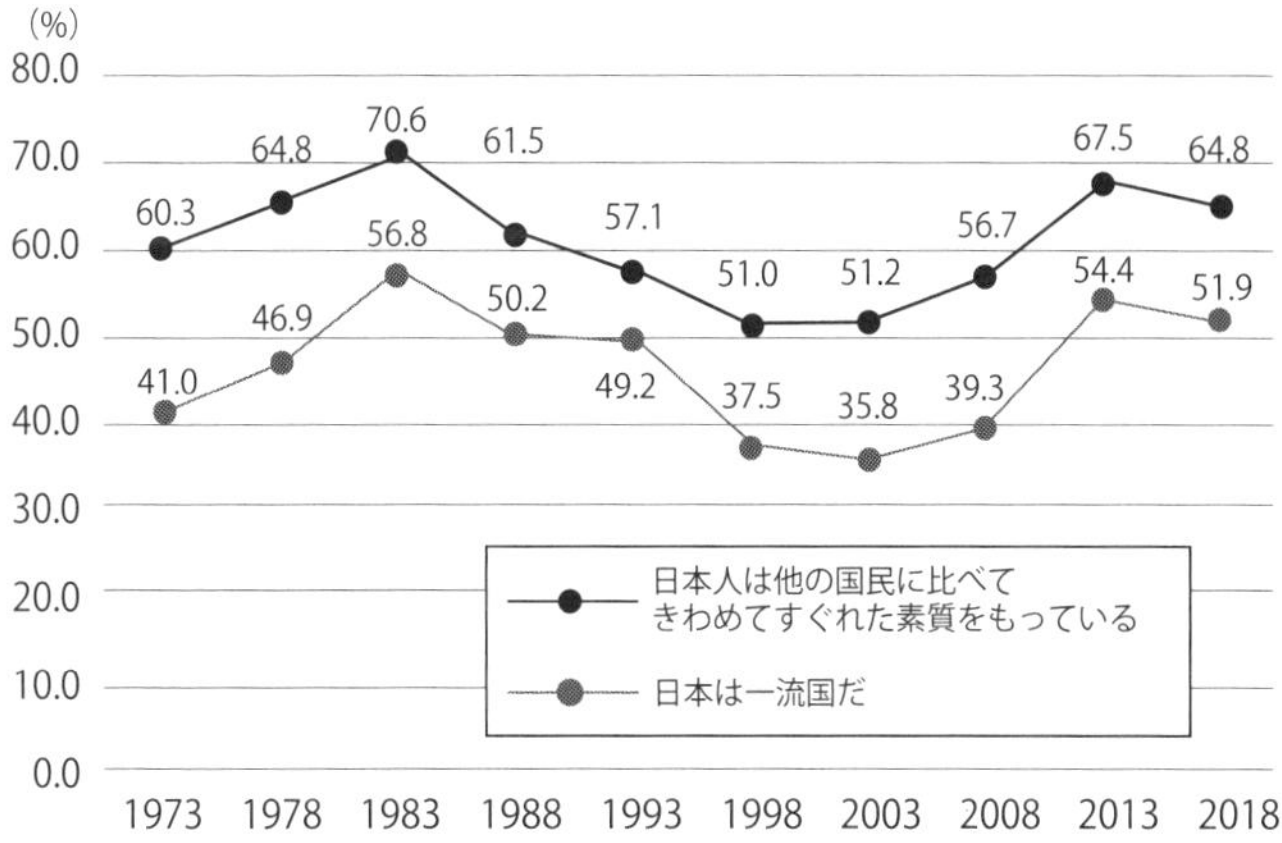

ナショナリズムに対する日本人の意識
出典：NHK「日本人の意識」調査

例的に跳ね上がったのである。グラフの変化をたどると興味深い。バブル前夜の１９８３年はそれぞれ「70・6％」に「56・8％」と、肯定的回答がピークに達した。79年に米社会学者エズラ・ヴォーゲルが『ジャパン・アズ・ナンバーワン』を出版し、日本が海外から持ち上げられた時代。多くの日本人が有頂天になった様子が素直に反映された数字だ。

バブルがはじけた98年、数字は「51・0％」と「37・5％」まで下落した。97〜98年、山一證券と日本長期信用銀行など大手金融機関が相次いで破たんし、日本経済が「失われた」長期停滞に入る時代を反映していると言っていいだろう。

しかし98年と２００３年を「底」に、長期低迷をよそに、数字は08年、13年と、どんどん上昇していく。これをどう説明すればいいのだろう。最新の18年は「64・8％」に「51・9％」と、13年よりは下落した。少しは現実を見つめる冷静さが戻ったのなら結構なことだが、調査開始からの46年間の流れの中で見ると、依然として高水準にある。

なぜ「日本出身」なのか

ここでもう少し、「日本ボメ」現象が、排外主義につながる例を挙げたい。筆者は相撲が大好きだ。中学時代には相撲部に入ったこともある。２０１７年１月、テレビ、新聞は「日本出身の横綱19年ぶりに誕生」と、稀勢の里の横綱昇進で盛りあがった。ある民放の夜のニュースは、稀勢の里の奉納土俵入りをトップで10分近くも伝えた。モンゴル人力士３人に占められてきた横綱にようやく日本人がなり、「待ってました」と喜ぶのは分かる。

でも待てよ。メディアはどうして「日本人」ではなく「日本出身」と書くのだろう。「日本人」を主語にするなら１９９９年７月に横綱になった「武蔵丸以来18年ぶり」とするのが正しい。ハワイ出身の彼は96年、日本国籍を取得していたのだから。２０１６年初場所で大関琴奨菊が初優勝した時も、新聞は「日本出身力士の優勝は10年ぶり」と書いた。「日本人の優勝は２０１４年の旭天鵬以来」と書かなかったのは、旭天鵬がモンゴル出身で「純粋の日本人」ではないからなのか。日本人の定義は「日本国籍を有するもの」以外にはない。様々な血が交じり合った日本人に「純血」を求めるのは無理な話なのだ。

メディアが「日本出身」の表現を使い始めたのは、2014年のノーベル物理学賞での「誤報」が契機だったと思う。大半のメディアが「日本人3人が受賞」と号外で伝えた。受賞者3人のうち中村修二氏は米国人なのに。にもかかわらず「3人」というのは「水増し」だろう。誤報に懲りたのか、その後「日本人」ではなく「日本出身」という表現がメディアで連発されるようになった。

誤報を正すのはいいが、結果として「日本出身」という新語が大手を振るのは肯定できない。グローバル化の中で、国籍の移動はどんどん増える。その潮流に逆らって「純血」を求めるのは時代錯誤であろう。イラク、シリアなどイスラム教7か国の入国を禁止したトランプ大統領を、誰が笑えるのか。

「純血主義」の生臭さ

トランプ現象だけではない。英国の欧州連合（EU）脱退に加え、フランス、ドイツなど欧州でも、イスラム国からの移民排除を求める排外主義が広がっている。新自由主義経済がけん引した「グローバリズム」（マネー資本主義のイデオロギー）に伴う経済格差に人々が耐え切れず、窒息状態に陥ったのが背景である。そんな時、多くの人々は「新しい敵」を自分たちの外側に見つけようとする。日本も例外ではない、特定の国や民族を敵視する「ヘイトスピーチ」はその典型である。ヘイトスピーチは確信犯的な攻撃だが、「日本ボメ」は「排外主義」

の自覚がない柔らかく内向きなナショナリズムである。

ノーベル賞報道が提起したのは「純血」だけではなかった。『週刊現代』（14年10月25日号）は「韓国・中国よそれじゃノーベル賞なんて無理だ」の見出しで「それに比べ、お隣韓国、中国の受賞者の少ないこと」と、勝ち誇ったように書いた。「日本ボメ」の意識に「反中嫌韓」の排外主義が潜んでいることが分かる。

立憲民主党の蓮舫議員の「二重国籍」が問題化したことがあったが、それにもやはり「純血」と「排外主義」の生臭さがつきまとった。問題にした側は「二重国籍」もさることながら、父親が台湾人で「純粋な日本人ではない」ことをあげつらったのだと思う。ことあるごとに「あいつは在日（在日コリアンの略称）」と、故なく出自を問題視する「ネトウヨ」（ネット右翼の略称）の陰口とそっくりだ。

「国家」にすがる不安意識

不安定な雇用に低賃金、少子高齢化が進み、年金制度をはじめ不確実な将来への不安が雪だるま式に膨らむ。そこに目に見えないコロナ感染の拡大。不安が膨らむ中で、「国家」に拠り所と居場所を求める。安倍前首相が選挙のたびに繰り返した「世界の真ん中で輝く日本を、取り戻す」というスローガンは、現実には存在しない「大国」願望を、ある程度満たす答えなのかもしれない。

少なくとも、「これ以上悪くなってほしくない」と「同じことをやるなら経験を積んでいる政党の方が安全」（前出・片山杜秀）という意識の反映であるのは間違いあるまい。

自信喪失の中で敵を探そうとする心理について、米政治学者、故ベネディクト・アンダーソンは次のように言う。

「自分の国がどうもうまくいっていないように感じる。でも、それを自分たちのせいだとは思いたくない。そんな時、人々は外国や移民が悪いんだと考えがちです。中国、韓国や在日外国人への敵対心はこうして生まれる」（「朝日」２０１２年11月13日）

「新しい強力な中国」を受け入れよ

今世界で起きている流動化状況は、第二次世界大戦後に形成された米一極支配と同盟構造の崩壊が引き金になった。にもかかわらず安倍・菅外交は、「日米同盟の深化」という事実上の対米追従外交を続け、自ら選択肢を狭めている。

ドイツや英国など多くの欧州「同盟国」やＡＳＥＡＮの「同盟国」は、中国の台頭という現実を受け入れた上で、米国との同盟に代わる新たな関係と距離を模索し始めている。

マハティール首相
（2018年、撮影：米国国務省）

では日本はどうすべきなのか。

そのヒントを、2019年5月末来日したマハティール・マレーシア首相（当時）が与えてくれる。5月30日、東京で開かれた「第25回国際交流会議　アジアの未来」（日本経済新聞社主催）で、彼は流動状況下での自らの選択を説明した。「日経」（2019年5月30日）から引用する。[13]

【米中対立とファーウェイ問題】

「（米中）衝突は選択肢としてあってはいけない。完全な破壊は解決にならない」と述べ、両国に自制を求めた。ファーウェイについて「技術を可能な限り利用したい」と語った。

【南シナ海問題】

軍事拠点化を進める中国に対して「戦争に発展すれば東南アジア全体が破壊される。南シナ海に戦艦が停泊するようなことがあってはならない」と自制を求めた。米国に対しても「戦艦を送る脅しのアプローチを使うべきではない」と抑制するよう主張した。「すべての国が机の上での交渉で解決すべきだ」と提案、地域間の対立を解消する新たな枠組みの必要性に言及した。

【対中姿勢】

「新しい強力な中国を認識しなければならない」と、中国と向き合う必要があると強調した。「西側諸国は中国がいつか民主化すると思っているがそうではない。政権を変えようと強制してはいけない」とも述べた。「お互いが良い関係を築けば、そこから変化が起きる。中国はオープンで開放的だ」との認識を示した。

日米安保の相対化を

マハティールの真意は、「中国も米国も敵視しない」ことにある。決して米中の「中間」を選択しているのではない。「強力な中国」という新たな現実をまず受け入れ、事の是非と「国益」に基づき、自立的に判断する必要性をわれわれに教えてくれる。

米国の政権交代によって、トランプ政権が主導してきた「米中新冷戦思考」が「蜃気楼」のように消えたとしても、パワーシフトに伴う米中の戦略的対立が消え去るわけではない。

中国は経済的、政治的、軍事的にさらに成長し続け、その一方米国、日本の衰退は止めようがなく進行するだろう。その現実を直視し、中国と対抗し、敵視する思考だけは変えねばならない。マハティールが言うように「新しい強力な中国」を受け入れることである。

外交でいえば「日米基軸」の基本路線を、安全保障の「対中抑止」ばかりに偏重させる「習い性」を改めねばならない。日本がアジアで一定のリーダーシップを発揮しようとするなら、今からでも遅くない。「米中二択」の迷路に誘う新冷戦思考を止め、「対中抑止」と「中国排除」の姿勢を変えねばならない。

日本政府は２０２０年11月、地域的な包括的経済連携（ＲＣＥＰ）協定の調印にこぎつけた。当初はインドの入らない協定に消極的だった日本政府だが、ＡＳＥＡＮ諸国の強い求めに応じた。中国が初めて入る多国間の経済連携協定。習近平はそれに続いて日本主導のＴＰＰ11入りにも積極姿勢をみせている。21年は日本が議長国として、中国加盟について様々な判断を迫られる局面を迎える。

コロナ禍が加速した潮流の変化の中、中国と協調できるような「日米安保の相対化」という新思考の模索が問われている。

注

1　海上自衛隊　平成31年度インド太平洋方面派遣訓練部隊（ＩＰＤ19）
https://www.mod.go.jp/msdf/operation/cooperate/IPD19/

2　「日経」２０２０年10月６日「米国務長官『アジアに安保枠組みを』単独インタビュー」
https://www.nikkei.com/article/DGXMZO64682200W0A001C2MM8000/

3　「産経」２０２０年９月12日「菅氏、アジア版ＮＡＴＯ『反中包囲網にならざるを得ず』自民党総裁選候補が公開討論会」
https://www.sankei.com/politics/news/200912/plt2009120053-n1.html

4　中国外交部　２０２０年10月13日「アメリカの『ＦＯＩＰ』は東アジアの平和と発展の見通しを危う

くする（王毅：美〝印太战略〞损害东亚和平与发展前景）」
https://www.fmprc.gov.cn/web/wjbzhd/t1823539.shtml

5 「朝日」２０２０年10月7日「日米豪印、枠組み定例化へ　4カ国外相会談、中国牽制狙う」
https://www.asahi.com/articles/DA3S14649333.html

6 「グローブ・アンド・メール」２０１８年12月13日「中国に対しては、カナダは正義の感覚を失ってしまったのか？（Lu Shaye: On China, has Canada lost its sense of justice?）」
https://www.theglobeandmail.com/opinion/article-on-china-has-canada-lost-its-sense-of-justice/

7 「朝日」電子版、19年5月26日「トランプ氏、表彰状読み『レイワ・ワン』特注杯を贈呈」
https://www.asahi.com/articles/ASM5V4QFVM5VUHBI00K.html?iref=pc_ss_date

8 「日経」電子版、２０１９年5月29日「日本の競争力は世界30位、97年以降で最低　ＩＭＤ調べ」
https://www.nikkei.com/article/DGXMZO45399600Z20C19A5000000/

9 「朝日」電子版、２０２０年11月21日「（いま聞く）片山杜秀さん　慶応大教授『博覧強記』の目に映る日本は」
https://www.asahi.com/articles/DA3S14704551.html

10 「日刊ゲンダイＤＩＧＩＴＡＬ」19年5月20日「片山杜秀氏　日本は〝束ねられる〞ファシズム化が進んでいる」
https://www.nikkan-gendai.com/articles/view/news/254019

11 「朝日」２０１９年5月23日「（長期政権の磁界：４）縮まるＮＨＫとの距離感　人事・報道『政権寄り』の声」

https://www.asahi.com/articles/DA3S14025794.html
12 「朝日」好書好日　2019年5月22日「皇室タブー、今も続く自主規制　『戦後日本ジャーナリズムの思想』著者　根津朝彦・立命館大学准教授」
https://book.asahi.com/article/12394383
13 「日経」電子版、2019年5月30日「マハティール首相『米中に自制求める』　アジアの未来　ファーウェイの技術『利用したい』」
https://www.nikkei.com/article/DGXMZO45448270Q9A530C1AM1000/

あとがき

書きたいことを字数や形式にとらわれず自由に書いて発表したい……。それは、共同通信社での長い記者生活を終えた時の希望だった。それまでは企業メディアの土俵で、企業に守られながら書いてきたのだが、退職後は自由に発表できるメディアを探さねばならない。そこで頭に浮かんだのが矢吹晋・横浜市立大名誉教授が２００３年に始めたデジタル研究所「21世紀中国総研」だった。

原稿料は出ないが自由に書けるメディアを持てるのは、何にも代えがたい魅力。そこで矢吹氏と中村公省・総研事務局長（当時・蒼蒼社社長）とも相談し、２００９年に「海峡両岸論」というコーナーを設けていただいた。「海峡両岸」とは、政治的には対立しながらも、経済的には共存する中国と台湾の関係を指す政治用語である。

台北特派員を４年近くやり、両岸関係を理解するには大陸と台湾の歴史だけでなく、米中関係をはじめ日中、日台関係など東アジアの国際政治、さらに主権や領土・領域など政治学の基本知識が必要だと知らされていたから、汎用性があるタイトルだと考えたのだった。

最初は月1本の定期出稿を心掛けたが、中国、台湾出張が重なると多忙にかまけて1、2か月、間が空いてしまった。14年秋に中咽頭がんの治療のため3か月入院した時は、5か月休載したが、その後は月1回の定期出稿のペースを守っている。

なにより気懸かりだったのは、読者数もさることながら読者の反応である。コロナ禍で「無観客」試合を余儀なくされたスポーツ選手の気持ちが分かる気がする。幸いなことに、やはりデジタルでメールマガジン「オルタ」（現「オルタ広場」）を主宰していた故加藤宣幸氏が、12年から転載してくださったのに続き、メディア・ネット「ちきゅう座」も16年から転載を開始してくれてから読者数が増え、ネットを通じて読者の反応も分かるようになった。

「海峡両岸論」は、2020年末で第121号を数える。自信作もあるがわずかだ。時間に追われ、雑な論理展開や、無理な結論付け、誤字誤植など、我ながら納得できない記事も多い。そんな折この夏、旧知の出版社「花伝社」（平田勝社長）から、「海峡両岸論」と2017年から「ビジネス・インサイダー」に連載している論評をベースに、単行本にまとめないかというお話をいただいた。

印刷メディア離れが始まって久しい今、奇特な申し出に「二つ返事」で引き受けた。ただしバイデンがトランプに勝利した現在となっては、出稿した原稿をそのまま転載するのは無理がある。主テーマの米中対立を軸に据え、書き下ろしや、内容の差し替えにすっかり時間をとられてしまった。

本書はトランプ政権が誕生した２０１７年1月以降、「海峡両岸論」と「Business Insider」の連載に掲載した記事、ならびに「imidas」に寄稿した「オピニオン」を基に、大幅に加筆・差し替えした。

転載を快く承諾していただいた「21世紀中国総研」の中村事務局長、「Business Insider」の浜田敬子・前統括編集長、集英社「imidas」編集部の森山聡平氏に謝意を表する。３か月の編集作業の中、構成やタイトルをはじめ、ことあるごとに的確なアドバイスをいただいた「花伝社」の平田社長と編集者の山口侑紀氏に心より感謝申し上げたい。

岡田充（おかだ・たかし）
共同通信客員論説委員
1948 年北海道生まれ、72 年慶應義塾大学法学部卒業後、共同通信社に入社。香港、モスクワ、台北各支局長、編集委員、論説委員を歴任。拓殖大客員教授、桜美林大非常勤講師を経て、2008 年から現職。
著書に『中国と台湾――対立と共存の両岸関係』（講談社現代新書）、『尖閣諸島問題――領土ナショナリズムの魔力』（蒼蒼社）など。
「21 世紀中国総研」で「海峡両岸論」http://www.21ccs.jp/ryougan_okada/index.html を連載中

米中新冷戦の落とし穴――抜け出せない思考トリック

2021年 1 月25日　初版第 1 刷発行

著者 ――― 岡田充
発行者 ―― 平田　勝
発行 ――― 花伝社
発売 ――― 共栄書房
〒101-0065　東京都千代田区西神田2-5-11出版輸送ビル2F
電話　03-3263-3813
FAX　03-3239-8272
E-mail　info@kadensha.net
URL　http://www.kadensha.net
振替 ―――00140-6-59661
装幀 ――― 水橋真奈美（ヒロ工房）
カバー写真：ジョー・バイデン（Gage Skidmore）(CC BY-SA 2.0)
習近平（www.kremlin.ru）(CC BY 3.0)
印刷・製本― 中央精版印刷株式会社

ISBN978-4-7634-0952-2 C0036

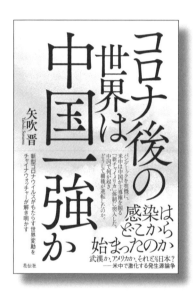